PEDAGOGÍA TEATRAL

METODOLOGÍA ACTIVA EN EL AULA

EDICIONES UNIVERSIDAD CATÓLICA DE CHILE
Vicerrectoría de Comunicaciones
Avenida Libertador Bernardo O'Higgins 390, Santiago, Chile
editorialedicionesuc@uc.cl
www.ediciones.uc.cl

PEDAGOGÍA TEATRAL
METODOLOGÍA ACTIVA EN EL AULA
María Verónica García-Huidobro Valdés

I.S.B.N. 978-956-14-2370-1

Cuarta edición
Diciembre 2018

Diseño: Francisca Galilea

C.I.P. - Pontificia Universidad Católica de Chile
García-Huidobro V., Verónica
Pedagogía Teatral: metodología activa en
el aula / Verónica García-Huidobro V.
1 Actuación Teatral–Enseñanza
2. Teatro–Enseñanza
3 Teatro–Producción y Dirección.
2003 792.028 dc.21 RCA2

PEDAGOGÍA TEATRAL

METODOLOGÍA ACTIVA EN EL AULA

CUARTA EDICIÓN

Verónica García Huidobro Valdés
y
Luna Del Canto Fariña, Marcela Estay Euler,
Clara Estay Martínez, Yani Núñez Salazar,
Miguel Ángel Pinto Ortiz, Liliana Ponce Palma,
Catalina Prieto Zañartu y Ricardo Quiroga Cortés.

Compañía La Balanza: teatro y educación

AGRADECIMIENTOS

Ser sintética en situaciones como esta, en las que uno quisiera resaltar el aporte de cada una de las personas involucradas en la nueva versión de este libro, es verdaderamente difícil.

Sin embargo, quiero agradecer especialmente por su fe, apoyo y comprensión, a mi familia, a mis amigos/as, a cada uno/a de los/as integrantes de la Compañía La Balanza: teatro y educación, y a todos/as los/as estudiantes y directivos de establecimientos educacionales y escuelas de teatro, que me han permitido ejercer la docencia durante los últimos 35 años.

También quiero agradecer a la Escuela de Teatro UC, por creer en la Pedagogía Teatral, propuesta académica que orienta mi quehacer desde 1990 hasta hoy, y a Ediciones UC por apoyar la continuidad de publicaciones que relacionen el Teatro con la Educación.

Santiago de Chile, noviembre de 2018.

ÍNDICE

Un niño

Una vez un niño fue a la escuela.

Él era bien pequeño y la escuela era bien grande, pero cuando el niño vio que podía ir a su clase caminando directamente de la puerta de afuera, él se sintió feliz y la escuela no le pareció tan grande así.

Una mañana, cuando hacía poco que él estaba en la escuela, la maestra dijo:
—Hoy vamos a hacer un dibujo.
—Bien —pensó él. A él le gustaba dibujar.
Él podía hacer todas las cosas: leones y tigres, gallinas y vacas, trenes y barcos...
Y tomó su caja de lápices y comenzó a dibujar.

Pero la maestra dijo: —¡Esperen! ¡No es hora de comenzar!
Y él esperó hasta que todos estuviesen listos.
—Ahora —dijo la maestra— vamos a dibujar flores.
—Bueno —pensó el niño. A él le gustaba dibujar flores.
Y comenzó a hacer bonitas flores con lápiz rojo, naranja, azul.
Pero la maestra dijo: —¡Esperen! Yo les mostraré cómo se hacen.
—¡Así! —dijo la maestra, y era una flor roja con tallo verde.
—¡Ahora sí! —dijo la maestra—. Ahora pueden comenzar.

El niño miró la flor de la maestra y luego miró la suya.
A él le gustaba más su flor que la de la maestra.

Pero él no reveló eso.
Simplemente guardó su papel e hizo una flor como la de la maestra.
Era roja, con el tallo verde.

Y luego, así, el niño aprendió a esperar.
Y a observar.
Y a hacer las cosas como la maestra.
Y luego él no hacía las cosas por sí mismo.

Entonces sucedió que el niño y su familia se mudaron para otra casa, en otra ciudad, y el niño tuvo que ir a otra escuela.

Esa escuela era mucho más grande que la primera.
Para llegar a su sala él tenía que subir la escalera y seguir por un corredor para finalmente llegar a su clase.

Y justamente el primer día que él estaba allí la maestra dijo:
—Hoy vamos a hacer un dibujo.
Bien —pensó el niño, y esperó a la maestra para que le dijera cómo hacerlo.
Pero ella no dijo nada, casi no se sentía en la sala.

Cuando se acercó al niño ella dijo:
—¿Tú no quieres dibujar?
—Sí —dijo el niño—, pero, ¿qué vamos a hacer?
—Yo no sé hasta que tú lo hagas —dijo la maestra.
—¿Cómo lo haré? —preguntó el niño.
—¿Por qué? —dijo la maestra—, de la manera que tú quieras.
—¿Y de cualquier color? preguntó él—. De cualquiera —dijo la maestra.
—Si todos hicieran el mismo dibujo y usaran los mismos colores, ¿cómo yo podría saber quién hizo qué? ¿Y cuál es de quién?
—Yo no sé —dijo el niño.
Y comenzó a hacer una flor roja, con el tallo verde.

HELEN BUCKLEY

INTRODUCCIÓN

Pedagogía Teatral: metodología activa en el aula, es en primer término, una versión actualizada de la edición *Manual de Pedagogía Teatral* publicado en 1996, el cual fue elaborado a partir de la sistematización realizada por la autora, entre los años 1982 y 1996, ejerciendo e investigando como pedagoga teatral.

En segundo término, es una nueva versión de la edición ampliada del año 2005, que presenta en el capítulo denominado Anexos, un renovado Anexo N°3, el cual evidencia en esta cuarta edición, la recopilación realizada junto a lo/as integrantes de la **Compañía La Balanza: teatro y educación**, entre 1993 y el año 2018, siempre buscando aplicar el marco teórico-práctico de la pedagogía teatral y concretar el uso de la expresión dramática, como metodología activa en el aula, en el sistema escolar chileno. El mencionado capítulo Anexos, compuesto por cuatro anexos pedagógico-teatrales, tiene como objetivo apoyar las tres áreas de inserción de la pedagogía teatral en el sistema educativo chileno actual, orientado por el marco curricular de la **Reforma Educacional** implementada desde el año 1990 en adelante.

La nueva edición de esta propuesta teórico-práctica, ampliada y enriquecida con la investigación y experiencia pedagógica de un equipo multidisciplinario, busca estimular y desarrollar la capacidad en el lector de poner en práctica la pedagogía teatral como metodología activa en el aula, sugiriendo orientaciones concretas para implementar estrategias de trabajo que relacionen el arte del teatro con la educación.

El propósito es que esta nueva versión del texto ***Pedagogía Teatral: metodología activa en el aula*** sea una guía de referencia y apoyo, que ofrezca a los docentes un enfoque pedagógico teatral, de divulgación en el plano teórico y de apertura en el práctico, que los capacite para aplicar la expresión dramática (instrumento metodológico) al interior del sistema escolar (educación formal), ya sea como asignatura en sí misma, como herramienta pedagógica al servicio de un sector curricular, en lo relativo a los objetivos fundamentales transversales, y/o como programa diferenciado de artes escénicas (teatro y danza) para tercero o cuarto año de enseñanza media, según lo estipula la Reforma Educacional en curso. Así mismo, pretende servir de soporte a la implementación de talleres de teatro vocacionales al exterior del sistema educativo (educación no formal) e interactuar con la dimensión terapéutica de la pedagogía teatral como taller y/o asignatura de expresión artística para los programas de salud mental y educación especial.

Siempre enfocado desde la perspectiva del **teatro y la educación por el arte**, el libro está dirigido especialmente a los pedagogos teatrales, profesores de enseñanza básica y media, de educación especial, educadores de párvulos, actores y actrices profesionales, monitores populares y culturales, psicólogos, terapeutas y asistentes sociales, que se interesen en el desarrollo de la capacidad artístico creativa de sus estudiantes y/o pacientes como vehículo para impulsar la actividad expresiva y teatral dentro de la comunidad en la que se encuentran insertos.

Pedagogía Teatral: metodología activa en el aula permite planificar actividades teatrales que abarquen las diferentes categorías de los dominios cognitivo, sicomotriz y afectivo, respectivamente. Propone, además, un espacio para iniciar en la práctica teatral tanto a docentes como estudiantes, abriendo un campo de investigación sobre la formación de pedagogos teatrales y la función de estos profesionales especializados, como nexos entre la educación, el teatro y nuevas estrategias educativas del siglo XXI.

El texto persigue que el universo escolar y adulto accedan de forma progresiva al aprendizaje de la técnica teatral, desarrollando la capacidad afectiva para expresar sus intereses particulares y grupales, mediante su participación activa en juegos personales, proyectados, dirigidos, dramáticos, improvisaciones, dramatizaciones de obras teatrales, narraciones literarias, obras musicales, plásticas y/o poéticas, descubriendo en la expresión escénica los beneficios de la creatividad y del mundo afectivo personal.

En otras palabras, busca estimular el interés de las personas por explorar sus capacidades, vivencias y potencialidades expresivas en el desarrollo y la muestra de un trabajo artístico teatral, que constituya un aporte, tanto para su realización individual como para su comunidad.

A modo de síntesis, el libro entrega:

- Antecedentes generales de la pedagogía teatral.
- Conocimientos teórico-prácticos de las cuatro etapas del juego en el niño/a, pre-adolescente, adolescente y adulto.
- Una estrategia de trabajo para desarrollar, mediante ejercicios prácticos individuales y colectivos, el movimiento, la voz y la actuación en relación a la pedagogía teatral.
- Una metodología que permite conocer y poner en práctica, sobre la base de una sesión de expresión dramática, los elementos constitutivos de la pedagogía teatral.

- Una pauta de trabajo que permite conocer y poner en práctica, sobre la base de una obra dramática escogida para su estudio y representación, los elementos constitutivos del arte teatral.
- Elementos para fomentar la capacidad de descubrir en el teatro de calidad artística una posibilidad de desarrollar integralmente a los propios estudiantes, motivando el conocimiento de sus aptitudes y cualidades, en pos de formar individuos íntegros y creativos, que aporten con su expresión a la comunidad en la cual se encuentran insertos.
- El capítulo Anexos, que en esta edición presenta estructuras metodológicas distribuidas en cuatro anexos sobre temas relevantes para concretar el uso del teatro en la educación mediante la Pedagogía Teatral, cuales son: Transversalidad (Objetivos Fundamentales Transversales O.F.T.; Unidades de Orientación y Jefatura de Curso), Sectores Curriculares (Lenguaje y Comunicación; Matemáticas e Historia y Ciencias Sociales), Plan Diferenciado de Artes Escénicas para Tercero o Cuarto Año de Enseñanza Media (Teatro y Danza) y Dimensión Terapéutica (Necesidades Educativas Especiales).

Pedagogía Teatral: metodología activa en el aula permite sustentar el desarrollo de proyectos educativos que modifiquen los planteamientos tradicionales con que la educación ha desplazado los programas artísticos, entendiendo la expresión dramática como un aporte para responder a la diversidad de intereses, necesidades y expectativas de los estudiantes. El texto busca ser un recurso para flexibilizar los programas y objetivos de la educación chilena, ampliando los criterios con que los pedagogos enfrentan, planifican y desarrollan su actividad docente. Finalmente, el libro pretende facilitar la implementación en el aula, a nivel de educadores y pedagogos teatrales, de la Reforma Educacional y del Programa de Estudio de Artes Escénicas (Teatro y Danza) para Tercero o Cuarto Año de Enseñanza Media, contenido en la Formación Diferenciada del Área Científico-Humanista, aprobado en el año 2002.

FUNDAMENTACIÓN TEÓRICA

FUNDAMENTACIÓN TEÓRICA

MARCO DE REFERENCIA

La pedagogía teatral surge en Europa como respuesta educativa a la necesidad de renovar metodologías que optimizaran el proceso de aprendizaje, profundamente alterado por la primera y segunda guerra mundial y sus consecuencias en el orden social, cultural, político, religioso, ético y económico desde inicios del siglo pasado hasta hoy. Dicho campo de acción pedagógica se constituye como un aporte metodológico para apoyar el proceso de transición, desde la concepción conductista imperante durante el siglo XX, hacia una visión constructivista de la educación, característica del siglo XXI y su diversidad.

Como cualquier propuesta inserta en la sociedad y que involucra el desarrollo de las personas, la pedagogía teatral ha experimentado, como disciplina, cambios evolutivos que se materializan en cuatro tendencias importantes con acentos característicos, que se superponen y diferencian desde sus primeras manifestaciones hasta hoy.

a) Tendencia **neoclásica**, caracterizada porque la enseñanza de la técnica y la tradición del arte del teatro ocupan el sitio de honor. El estudiante de teatro es convocado con el mayor rigor académico y profesional a desarrollar las materias, teóricas y prácticas, involucradas en el arte de actuar. Se caracteriza por desarrollar técnicamente, a nivel corporal, vocal y emocional, el talento o las condiciones naturales del estudiante para ser actor o actriz. En esta tendencia prima el resultado artístico, a nivel técnico-teatral, el concepto de éxito y el sentido de profesionalización del oficio.

b) Tendencia **progresista liberal**, para la que resulta medular atender el desarrollo afectivo de las personas. El participante es estimulado a utilizar libremente su capacidad de juego dramático para crear y expresar su individualidad como persona. Se caracteriza por entender la expresividad como una cualidad propia del ser humano. Trabaja a partir del deseo y la necesidad genuina del estudiante de volcar hacia fuera la propia emotividad, independiente de que dicha capacidad expresiva natural tenga la obligación de adquirir un nivel artístico-teatral determinado.

c) Tendencia **radical**, la que se caracteriza por acentuar la importancia de la pedagogía teatral como vehículo transmisor de ideas, como agente de cambio capaz de orientar las decisiones de un sistema educativo, religioso, político, cultural, ético y/o económico, utilizando como recurso expresivo el teatro. Los pedagogos teatrales o monitores culturales se entienden, desde la perspectiva radical, como facilitadores activos de cambio de las sociedades en donde se encuentran insertos. En lo referente al sistema escolar, la tendencia radical se explicita cuando los docentes utilizan el juego, la expresión dramática y/o el teatro como herramienta pedagógica para sectores curriculares.

d) Tendencia del **socialismo crítico**, cuyo acento característico está en la importancia de incorporar la noción de entorno y diversidad para orientar el trabajo docente. Esta mirada, reflexiona en torno a la necesidad de asumir tanto el interés genuino del estudiante, incluidas las personas con cualquier tipo de discapacidad, por expresar su emotividad, como el rol cultural del teatro en una sociedad, diferenciándose el nivel artístico-teatral a partir del grado de profesionalización que el participante quiera y pueda alcanzar. El rol social y crítico articulado por el teatro cuando cumple una función en relación a otro y su entorno, lidera esta tendencia, cuya visión orienta el quehacer pedagógico-teatral de esta propuesta.

En este largo recorrido, que abarca desde los inicios del siglo XX hasta las primeras décadas del siglo XXI, la pedagogía teatral se ha caracterizado por buscar en el teatro y particularmente en el juego dramático, un nuevo recurso de aprendizaje, motivador de la enseñanza, mediador de la capacidad expresiva, contenedor de la diferencia y de la diversidad, instancia de salud afectiva, de desarrollo personal y especial proveedor de la experiencia creativa. El teatro se estructura como el soporte que permite enseñar el territorio de los afectos, volcando su aporte artístico en el campo educacional, para lograr, en conjunto, el objetivo de volver más creativo el proceso de aprendizaje y el universo familiar, docente y estudiantil.

Para cerrar esta reseña introductoria, es interesante reparar en el origen etimológico de la palabra ***didaskalia***, utilizada en el teatro griego para designar el montaje escénico, ya que deja de manifiesto que, desde siempre, el teatro y la educación han caminado estrechamente unidos. *Didaskalia* significa enseñar la obra al coro encargado de ejecutarla. Esto implica que, en Grecia, cuando un director **dirige** una obra, simultáneamente un pedagogo la **enseña**.

Dado que el primer agente de cambio en el aula es el profesor/a, y que resulta imposible modificar la educación sin su apoyo, se acoge para el marco teórico-práctico de la pedagogía teatral presentado en este texto, el concepto de **mediador/a** del proceso de aprendizaje, propuesto por el educador Reuven Feuerstein.

Dicho **facilitador** del proceso de aprendizaje, se entiende como un maestro-actor/actriz que se encuentra al servicio del proceso creativo de un grupo humano. Una persona capaz de asumir la diferencia y la unicidad de sus estudiantes, para luego otorgar y reconocer autoridad al fenómeno educativo que se produce cuando co-existen una tierra fértil (el estudiante, equivalente al 50%) y una buena semilla (el facilitador, equivalente al otro 50%).

De esta manera y gracias a esta figura docente, se articula por un acto de afectividad humana, el proceso creativo del aprendizaje, que, al igual que la creación, es un acto de valentía.

ÁREAS DE INSERCIÓN

Actualmente en Chile, la pedagogía teatral encuentra su inserción en tres campos de acción:

Al interior del sistema educativo (educación formal):

a) Como **herramienta pedagógica para apoyar contenidos y objetivos fundamentales transversales de otros sectores curriculares**, tales como: lenguaje y comunicación, matemáticas, idiomas, educación física, historia y geografía, orientación, entre otros. El docente introduce el juego dramático y/o el teatro en el sector curricular donde considere necesario y pertinente para apoyar los contenidos de la materia específica, buscando activar y volver más ameno el proceso de aprendizaje de los estudiantes.

   Para evidenciar, en términos prácticos, la concreción de la pedagogía teatral como herramienta pedagógica para los sectores y subsectores curriculares, el docente puede recurrir al Anexo N° 2 del capítulo Anexos contenido en la presente edición.

b) Como **Asignatura de Expresión Dramática** en sí misma, que, como arte en funcionamiento, pretende lograr un desarrollo integral de los estudiantes, a través de los objetivos fundamentales transversales, en cuanto a estimular sus aptitudes expresivas, capacidades afectivas y habilidades sociales, con el objeto de contribuir a la formación de personas íntegras y creativas.

   Para orientar, a nivel práctico, la concreción de la expresión dramática como asignatura, el docente cuenta con 16 sesiones de expresión dramática secuenciadas a partir de las etapas de desarrollo del juego y con el material presentado por el Anexo N°1 del capítulo Anexos contenido en la presente edición.

c) Como **Programa de Estudio de Artes Escénicas (Teatro y Danza) para Tercero o Cuarto Año de Enseñanza Media**, contenido en la formación diferenciada del área científico-humanista de la Reforma Educacional de 1990. Dicho programa fue elaborado por la Unidad de Currículum y Evaluación del Ministerio de Educación acorde con las definiciones del marco curricular de Objetivos Fundamentales y Contenidos Mínimos Obligatorios de la Educación Media, definido en el Decreto N° 220, de mayo de 1998. El mismo ha sido aprobado por el Consejo Superior de Educación, para ser puesto en práctica, por los establecimientos que elijan aplicarlo, a partir del año escolar del 2002.

Para complementar la metodología presentada por el Plan Diferenciado de Artes Escénicas del Ministerio de Educación, el docente puede apoyarse en el renovado Anexo N°3 del capítulo Anexos contenido en la presente edición.

Al exterior del sistema educativo (educación no formal):

Se constituye como **Taller de Teatro Vocacional**, el cual posibilita la participación creativa, contribuye al desarrollo y a la realización individual y colectiva, enriquece los códigos de comunicación y brinda nuevas formas de establecer una interacción entre los estudiantes y su comunidad, logrando todo lo anterior mediante la preparación y presentación de un montaje teatral.

Para ampliar el material necesario para desarrollar un Taller de Teatro Vocacional, el docente puede recurrir al Plan Diferenciado de Artes Escénicas y al Anexo N°3 del capítulo Anexos contenido en la presente edición.

En la dimensión terapéutica:

Se desarrolla como **Taller de Expresión Artística**, en donde el teatro no constituye un fin en sí mismo, sino que se articula como apoyo y medio de integración social. Trabaja con las áreas deficitarias del campo físico, psíquico y/o mental de las personas con discapacidad, ayudándolas a comprender su limitación para revalorarse e intervenir en la sociedad desde su diferencia y unicidad. En esta dimensión, se busca que el acto creativo signifique capacidad de aceptación de la propia diversidad para recuperar el sentido de vida y la autoestima de las personas con discapacidad.

Para orientar, desde la práctica, la concreción del Taller de Expresión Artística en el universo de las Necesidades Educativas Especiales, el docente puede utilizar como base las 16 sesiones de expresión dramática secuenciadas a partir de las etapas de desarrollo del juego, como también referirse al Anexo N°4 del capítulo Anexos contenido en la presente edición.

PRINCIPIOS

Cualquiera sea su forma de inserción y su objetivo en el proceso educativo, el presente marco teórico-práctico, desarrollado durante más de tres décadas de práctica educativa, constata que la pedagogía teatral tiene como ejes centrales, los siguientes principios:

a) Ser una **metodología activa** que trabaja con todo lo relativo al **mundo afectivo** de las personas.

b) Priorizar el desarrollo de la **vocación humana** de los individuos por sobre su **vocación artística**, es decir, debe entenderse como una disciplina articulada para todos y no solo para los más dotados como futuros actores o actrices.

c) Entender la capacidad de **juego dramático** del ser humano como el **recurso educativo fundamental** y el punto de partida obligatorio para cualquier indagación pedagógica. Dicho en otras palabras, el teatro no es un fin en sí mismo, sino un medio al servicio del estudiante.

d) Respetar la **naturaleza** y las **posibilidades objetivas** de los estudiantes según la etapa de desarrollo del juego que les corresponde, estimulando sus intereses y capacidades individuales y colectivas en un clima de **libre expresión**.

e) Entender la herramienta como una **actitud educativa** más que como una **técnica pedagógica**. Vivenciar la educación artística como un estado del espíritu; y el impulso creativo, como un acto de valentía.

f) Privilegiar el **proceso de aprendizaje** (lo artístico-expresivo) por sobre el **resultado** (lo técnico-teatral).

ESTRUCTURAS BÁSICAS DE LA PERSONALIDAD

Por lo general, hacer una reflexión referida a la personalidad humana y sus características siempre contiene el riesgo de resultar incompleta y parcial, ya que la complejidad del tema impide abarcar la totalidad del universo. Sin embargo, abordada desde la perspectiva de la metodología de la expresión, hay pautas universales que pueden resultar de gran utilidad para el pedagogo teatral.

Es sabido que apenas el niño/a adquiere conciencia de un mundo extraño a sí mismo quiere poseerlo y que al no poder lograr dicho deseo se rebela liberando su carga de frustración, a través de la imaginación, la magia y el juego. Aquí se genera en el hombre y la mujer la capacidad de creación artística que, tomando la forma de juego, de expresión lúdica, resulta ser una compensación imaginativa de sus razonamientos, experiencias y afectos. El juego es, en definitiva, el espacio donde las personas reconstituyen todas aquellas escenas que presenciaron en su infancia, escenas primitivas en las cuales participaron sin poder tomar parte.

Tanto en el juego como en la creación artística, resulta característico que una imagen aportada por el mundo exterior sirva de soporte para revelar y expresar un estado del espíritu que tiene diferentes fuentes. Al estimular la capacidad lúdica se puede facilitar el proceso de salida de la infancia, ya que todo preexiste en el niño: la forma de su inteligencia, su voluntad de acción, su estructura muscular, su sexualidad, entre otros aspectos. Todo lo esencial para el desarrollo afectivo y creativo del individuo se instaura en sus primeros años, aquellos que no incluyen aún la conciencia de vida familiar ni la vivencia escolar. Estas funciones pueden regularse gracias al juego, ya que, en definitiva, éste se articula como una compensación artística a la frustración afectiva.

Sin desconocer la amplia gama de diferenciaciones sicológicas relativas al desarrollo expresivo de la personalidad y buscando aportar mediante una referencia accesible y aplicable por cualquier docente al universo chileno, resulta de gran utilidad recordar el planteamiento de Dobbeleare —sicólogo, fisiólogo, médico y actor—, gestor de la metodología de la expresión, referente a que existen dos estructuras básicas de desarrollo de la personalidad en el ser humano: una llamada por exceso y la otra, por omisión.

Cabe señalar que ambos tipos de desarrollo se manifiestan tanto en hombres como en mujeres y que su nominación (exceso-omisión) carece de juicios de valor ético moral, centrando el ejercicio de la pedagogía teatral en ayudar a transitar a las personas desde una estructura hacia la otra, para así facilitar el proceso de su desarrollo expresivo personal y social.

Personalidad desarrollada por exceso, estructura que comparten la minoría de las personas, es propia de individuos de personalidad firme y clara, que, heridos en sus afectos y en su capacidad de insertarse en el mundo, se encierran en sí mismos, negándose, en adelante, a participar en una sociedad que evalúan como injusta o insuficiente. Es usual que estas personas desarrollen una coraza de auto-suficiencia para protegerse del desafío que les plantea el crecer en sociedad.

Personalidad desarrollada por omisión, estructura propia de la gran mayoría de las personas, que, al sufrir dificultades para descubrir y hacer suya la trama de la propia personalidad, tienden a resolver su problema afectivo imitando la realidad que observan. Les resulta difícil indagar en lo individual, ya que esa característica particular puede atentar, en su diferencia, contra los esquemas sociales establecidos por el propio entorno, referentes impuestos que no se sienten capaces o no están dispuestos a transgredir.

ETAPAS DE DESARROLLO DEL JUEGO

Desde 1982 hasta hoy, se constata la capacidad de evolución del juego en el ser humano y de las características que adopta al cruzar las cuatro etapas de desarrollo, desde el nacimiento hasta la edad adulta, en las cuales se basa la metodología de la expresión y, en consecuencia, el marco teórico de la pedagogía teatral presentado en esta propuesta.

Coincidiendo con un estudio sistematizado por el pedagogo teatral inglés Peter Slade, referido a las etapas de desarrollo del juego en ambos sexos, y buscando contribuir al enriquecimiento de las imágenes creativas de nuestro universo escolar chileno, se propone segmentar el desarrollo del juego en ocho etapas, dos sub-etapas por cada etapa.

Este esquema referencial que abarca desde los 0 a los 25 años, está apoyado en el trabajo en terreno y traduce la evolución del juego de niños, pre-adolescentes, adolescentes y adultos chilenos.

El objetivo principal es otorgarle al docente un soporte teórico que traduzca las diferentes formas que adopta el juego para que potencie, motive e incremente con libertad y conocimiento teórico-práctico, la capacidad lúdica de sus estudiantes.

ETAPA I (0 A 5 AÑOS)

Primera sub-etapa (de cero a tres años): se caracteriza por el **juego personal**, el cual se reconoce porque el niño/a está completamente absorto en lo que está haciendo. Se trata de una vigorosa forma de concentración infantil que sustenta sus primeras manifestaciones expresivas. Es una actitud creativa individual, solitaria y ensimismada que excluye la necesidad de público. Asimismo, es relevante entender que en esta sub-etapa todo lo artístico-expresivo, está vinculado al desarrollo de alguna destreza corporal, vocal y/o emocional. Por ello, resulta especialmente importante potenciar el juego personal ya que existe una relación proporcional entre dicha forma de juego en la primera infancia y la capacidad creativa de las personas cuando adultas.

Segunda sub-etapa (de tres a cinco años): se caracteriza por el **juego proyectado**, el cual se reconoce porque el niño/a experimenta la necesidad emocional de comunicarse y compartir con otro para jugar. Potencia la concientización social a través del juego y persigue desarrollar la distinción entre ritmo y compás, tanto a nivel físico como verbal. Resulta medular señalar el beneficio que significa que la actividad lúdica se realice en círculo, ya que a esta edad los niños simplemente son lo que juegan y, por ello, aún no son capaces de reconocer y articular, en forma consciente y creativa, el sentido de frontalidad escénica.

ETAPA II (5 A 9 AÑOS)

Primera sub-etapa (de cinco a siete años): se caracteriza por el **juego dirigido**, el cual se reconoce porque el niño/a acepta la interacción de un tercero que orienta el sentido del juego con el fin de desarrollar habilidades y destrezas específicas. Es positivo potenciar la capacidad de imitación como referente básico, mediante la introducción de experiencias personales en la actividad lúdica, con el fin de volver consciente la diferencia entre realidad y fantasía. Es importante que el juego dirigido mantenga un equilibrio entre la acción y el desarrollo del lenguaje. Asimismo, resulta fundamental entender que fomentar y recurrir a la economía y sencillez de recursos materiales en esta sub-etapa es decisiva para desarrollar la capacidad creativa.

Segunda sub-etapa (de siete a nueve años): se caracteriza por el **juego dramático**, el cual se define como la práctica colectiva que reúne a un grupo que improvisa a partir de un lugar y/o tema. La actividad escénica apunta a tomar conciencia y practicar el concepto de personificación o rol, buscando provocar una liberación corporal y emotiva tanto en el juego como en la vida personal de los participantes. Debe estimular el uso y el descubrimiento del espacio con el fin de desarrollar la capacidad de abstracción mediante los conceptos de trayectoria, equidistancia, profundidad, perspectiva y frontalidad escénica. En esta sub-etapa se introducen los grandes temas arquetípicos del inconsciente colectivo, como son, según Carl Gustav Jung: el ser (vida), lo femenino (maternidad), lo masculino (paternidad), lo heroico (bien), el adversario (mal), el viaje (muerte) y la transformación (cambio). Asimismo, se desarrollan diversos símbolos recurrentes al investigar el sentido espacial individual y colectivo, tales como: el punto, la recta, la cruz, el ángulo, el círculo, el triángulo, el cuadrado, el rectángulo, la espiral, el zig-zag, los movimientos curvos y rectos, entre los más importantes.

ETAPA III (9 A 15 AÑOS)

Primera sub-etapa (de nueve a doce años): se caracteriza por el **juego dramático**, que apunta, en forma cada vez más evidente, a la toma de conciencia de los mecanismos y conceptos fundamentales del teatro, tales como tema o argumento, personaje, situación, diálogo, conflicto y desenlace. Es importante respetar la pandilla o grupo, generalmente del mismo sexo y estructurado en torno a un líder fuerte de personalidad desarrollada por exceso, que aglutina casi siempre a pares desarrollados por omisión con una enorme necesidad de pertenencia y diferenciación. Los conceptos de unidad y amistad caracterizan esta sub-etapa, anclada en la pubertad y en el trabajo diferenciado por sexos. Es fundamental estimular la sensibilidad y el respeto grupal para equilibrar la naciente capacidad crítica propia de la edad.

Segunda sub-etapa (de doce a quince años): se caracteriza por la **improvisación**, definida como una "técnica de actuación donde el actor/actriz representa algo imprevisto, no preparado de antemano e "inventado" al calor de una acción" (*Patrice Pavis, semiólogo teatral*). Mediante esta forma de juego el preadolescente experimenta modelos de identificación personal que le permiten construir y afianzar su personalidad. Asimismo, le facilita potenciar su capacidad creativa profundamente afectada por los cambios psicológicos y corporales propios de la edad. Busca la integración con el sexo complementario a través de creaciones colectivas, lo que le permite reforzar su concepto de teatralidad, utilizando escenario, vestuario y maquillaje para denotar, en forma categórica, la diferencia entre ficción y realidad. Existe una gran atracción por lo coreográfico, por la escritura y particularmente por las formas del estilo que se expresa como teatro realista.

ETAPA IV (15 A 25 AÑOS)

Primera sub-etapa (de quince a dieciocho años): se caracteriza por la **dramatización**, definida como "la interpretación escénica de un texto, utilizando escenario y actores para instalar la situación" (*Patrice Pavis, semiólogo teatral*). La dramatización ha sido superficialmente asociada al concepto de *sketch*, palabra inglesa que significa "esbozo" y que "es una pieza mínima que presenta una situación generalmente cómica, representada por un pequeño número de actores, sin preocuparse de caracterizar de manera profunda..." (*Patrice Pavis, semiólogo teatral*). Sin embargo, si reemplazamos el concepto por dramatización, encontramos una forma de juego que sirve de soporte para que el adolescente experimente nuevos modelos de identificación personal y exponga su permanente sensación de carencia, que no logra identificar como algo propio de la edad. Generalmente busca representar su inconformismo con el sistema que lo rodea a través de la escenificación de conceptos abstractos, tales como la incomunicación, el amor, el abandono, la traición, el consumismo, la violencia, la libertad, la droga, el aborto, entre los más recurrentes. Por esta razón, se siente profundamente interpretado por las formas no realistas abstractas, virtuales, conceptuales, multimediales, digitales y expresionistas. La dramatización es un "marco legal" para conocer, experimentar, expresar y educar las emociones y los afectos contenidos en su personalidad en desarrollo. En esta sub-etapa se pueden potenciar los grandes ideales, proyectos y preguntas existenciales, y resulta significativo motivarlos a que se refieran especialmente a sus intereses vocacionales.

Segunda sub-etapa (de dieciocho a veinticinco años): se caracteriza porque el joven adulto quiere hacer **teatro**, definido como el arte de poner en escena un texto utilizando escenario, director, actores/actrices, escenografía, vestuario, utilería, maquillaje, máscaras, acrobacia, música y efectos especiales para instalar el discurso escénico. Se busca incrementar el acervo cultural, potenciar el desarrollo personal, descubrir las relaciones sociales y ampliar la capacidad estética. Participar en un proyecto teatral ahora constituye un marco legal para investigar, imaginar y experimentar su futura inserción en la sociedad mediante la interpretación de personajes cuya construcción responde a diferentes modelos. Dado que el joven adulto tiene un claro concepto de teatralidad, requiere de todo el rigor técnico-profesional que su afición le permita desarrollar.

DIFERENCIAS ENTRE JUEGO DRAMÁTICO Y TEATRO

Resulta fundamental referirse a las marcas que diferencian el teatro del juego dramático, ya que le permitirán al docente velar por los principios de la pedagogía teatral y reconocer con claridad su campo de acción.

Es importante acotar que no existen categorías de valor entre ambos y que, normalmente, el ser humano transita desde el juego dramático al teatro a medida que crece y se desarrolla como individuo.

JUEGO DRAMÁTICO	TEATRO
a) Se pretende desarrollar la expresión artística	a) Se pretende una representación teatral
b) Se realiza en el aula o en cualquier	b) Se realiza en un escenario espacio amplio
c) Se desarrolla a partir de un proyecto oral que puede ser variado	c) Se desarrolla a partir de una obra dramática escrita
d) Los roles son auto-designados por los participantes	d) Los roles son impuestos por el director
e) Las acciones y diálogos son improvisados por los participantes	e) La planta de movimiento y el texto son aprendidos por los actores/actrices
f) Los actores/actrices y el público son intercambiables	f) Los actores/actrices y el público están diferenciados
g) El facilitador estimula el avance de la acción no	g) El director plantea el desarrollo de la obra
h) El juego dramático puede concretarse, si el tema no alcanza el desarrollo necesario	h) La obra dramática tiene una estructura dramática prevista que debe concretarse
i) Significa destacar el desarrollo y realización del proyecto que motivó al grupo	i) Significa destacar la presentación final de la obra dramática escrita
j) Se valoriza el proceso de aprendizaje	j) Se evalúa el espectáculo como resultado final
k) No existe el concepto de fracaso	k) Existe el concepto de fracaso

METODOLOGÍA

METODOLOGÍA

PROGRAMA DE ESTUDIO

Aunque, desde el año 2001, existe el programa oficial del Ministerio de Educación para abordar el Plan Diferenciado de Artes Escénicas para Teatro y Danza, y que desde el año 2015 se propone que las Artes Escénicas (Teatro, Danza, Ópera, Circo, Teatro de Sombras, Títeres y Marionetas, Teatro de Objetos, entre otros), sean una asignatura del currículum, al igual que las Artes Visuales y Musicales, actualmente en Chile, el área de inserción con mayor desarrollo en pedagogía teatral continúa siendo aquella realizada al exterior del sistema educativo, en el marco de un taller de teatro vocacional o extra-programático.

Por ello, este texto propone un programa de estudio que consta de 32 sesiones, de dos horas pedagógicas de duración cada una, planificadas para ser desarrolladas una vez a la semana, total que cubre ocho meses de trabajo del año escolar (abril a noviembre).

Asimismo, esta planificación tiene como objetivo que el/la facilitador/a pueda conjugar dos variables fundamentales, cuales son: cooperar en la formación del estudiante guiado por los principios que orientan la pedagogía teatral y presentar un resultado artístico-teatral que legitime su actividad al interior de la comunidad escolar en que se encuentra inserto/a.

Es importante acotar que dicho programa anual es factible de ser implementado en establecimientos educacionales particulares, subvencionados, municipales o estatales, con todas la diversidad social, económica, religiosa y cultural que dicha categorización implica.

Junto a lo anterior, toma en consideración las condicionantes prácticas que se presentan en la mayoría de las escuelas, liceos o colegios chilenos, tales como participación electiva, horario dispuesto al final de la jornada escolar, aulas de dimensiones limitadas, infraestructura teatral deficiente o elemental, recursos económicos acotados o nulos y requerimiento de un resultado final para presentaciones internas y externas al establecimiento.

Cabe señalar que también es aplicable, previa adaptación al universo en cuestión, en escuelas de educación especial, salas cunas, jardines infantiles y en talleres realizados fuera del ámbito escolar o en la educación no formal: institutos culturales para adultos, centros culturales para jóvenes, universidades, institutos profesionales, centros de reunión para la tercera edad, instituciones de rehabilitación, parroquias, iglesias, centros comunales y centros de salud, entre otros.

Finalmente, para apoyar la metodología propuesta para desarrollar un Taller de Teatro Vocacional o extra-programático, el docente puede recurrir al Plan Diferenciado de Artes Escénicas publicado en los Planes y Programas del Ministerio de Educación y al renovado Anexo Nº 3 del capítulo Anexos contenido en la presente edición.

FASE DE PREPARACIÓN

SESIÓN 1: dinámica de presentación y percepción de intereses personales y grupales.

SESIÓN 2: juegos y ejercicios de desinhibición corporal; de imitación; movimientos de locomoción, movimientos básicos y compuestos individuales y colectivos.

SESIÓN 3: juegos y ejercicios de percusión corporal con instrumentos de percusión tradicionales o de fabricación casera. Ejercicios rítmicos con movimiento corporal, con palmas, con elementos. Percusión personal y grupal. Juegos y ejercicios para sonorizar, corporizar y crear, utilizando como estímulo la música.

SESIÓN 4: juegos y ejercicios de flexibilidad, movimientos ondulados, curvos y rectos; juegos y ejercicios para desarrollar y corregir la movilidad de la columna. Juegos y ejercicios de equilibrio y desequilibrio.

SESIÓN 5: juegos y ejercicios de desarrollo muscular. Juegos y ejercicios de concentración personal, grupal y en cadena. Juegos y ejercicios de relajación, tensión y contracción.

SESIÓN 6: juegos y ejercicios de espacio parcial (individual) bajo, medio, alto; derecha e izquierda; arriba y abajo; adelante y atrás. Juegos y ejercicios de espacio total (grupal). Juegos y ejercicios de motores corporales (cabeza-tórax-cadera).

SESIÓN 7: juegos y ejercicios de respiración, relajación y emisión de la voz.

SESIÓN 8: juegos y ejercicios de articulación muda y sonora. Voz y palabras susurradas y habladas. Lectura e inflexión de la voz.

SESIÓN 9: juegos y ejercicios de ampliación torácica, de respiración, relajación y emisión de la voz. Apoyo vocal. Juegos y ejercicios de respiración alta, media, baja.

SESIÓN 10: juegos y ejercicios de percepción y corporización de estímulos a través de palabras, adivinanzas, sonidos, ritmos y melodías.

SESIÓN 11: juegos y ejercicios de percepción y corporización de estímulos a través de elementos de la naturaleza, elementos plásticos, poesía y trozos literarios.

SESIÓN 12: juegos y ejercicios de estimulación a la creatividad mediante el uso libre del espacio, atmósferas, actitud y gesto básico y series de acciones físicas.

SESIÓN 13: juegos y ejercicios para expresar una vivencia interior, impregnada por el sentimiento, la emoción y la visión artística mediante el cuerpo y la voz. Juegos y ejercicios de creación de personajes humanos y no humanos.

SESIÓN 14: juegos y ejercicios dramáticos a partir de un estímulo o elemento desencadenante. Definición del tema, los personajes, la situación, el escenario, el vestuario, la máscara y el maquillaje.

SESIÓN 15: juegos y ejercicios de estimulación, imitación y creación de personajes reales. Juegos y ejercicios de improvisación y dramatización personal y grupal, a partir de situaciones dadas de mayor o menor complejidad.

SESIÓN 16: juegos y ejercicios de percepción y reproducción de estímulos. Ejercicios de afiatamiento grupal, de adaptación al otro. Valoración perceptual y/o conceptual referida al desarrollo personal, grupal y técnico-teatral alcanzado por cada estudiante en el transcurso del primer semestre (evaluación oral sin calificaciones).

FASE DE DESARROLLO

SESIÓN 17: búsqueda, definición y análisis de textos: poesías, canciones, cuentos, escenas, obras dramáticas, entre otros.

SESIÓN 18: trabajo de mesa. Ejercicios de lectura y comprensión del texto.

SESIÓN 19: trabajo de puesta en escena. Puesta en práctica de los conceptos adquiridos en la fase de preparación a través de los ejercicios de movimiento, voz y actuación.

SESIÓN 20: trabajo de montaje y/o puesta en escena.

SESIÓN 21: trabajo de montaje y/o puesta en escena.

SESIÓN 22: trabajo de montaje y/o puesta en escena.

SESIÓN 23: trabajo de actuación. Ensayos parciales y generales.

SESIÓN 24: trabajo de actuación. Ensayos parciales y generales.

SESIÓN 25: trabajo de actuación. Ensayos parciales y generales.

SESIÓN 26: trabajo de actuación. Ensayos parciales y generales.

SESIÓN 27: trabajo de actuación. Ensayos parciales y generales.

SESIÓN 28: trabajo de actuación. Ensayos generales.

SESIÓN 29: trabajo de actuación. Ensayos generales.

SESIÓN 30: trabajo de actuación. Ensayos generales.

SESIÓN 31: valoración conceptual y/o calificativa referida al desarrollo personal, grupal y técnico teatral alcanzado por el estudiante en el Taller.

SESIÓN 32: presentación final del Taller.

CONTENIDOS

Los contenidos de actuación, voz y movimiento serán desarrollados en la fase de preparación, compuesta de 16 sesiones de trabajo.

MOVIMIENTO

Los contenidos de movimiento se aplican en los ejercicios Preliminares, de Sensibilización, Creatividad corporal y Expresión. Están distribuidos para ser desarrollados en 16 sesiones de Expresión Dramática.

SESIÓN 1: desinhibición – extensión – contracción – relajación.

SESIÓN 2: segmentos corporales – coordinación.

SESIÓN 3: conciencia respiratoria – percepción visual.

SESIÓN 4: componentes del movimiento (lento/rápido/suave/fuerte) – movilidad y expresividad de la cabeza.

SESIÓN 5: percepción auditiva – movilidad y expresividad del tronco y la columna.

SESIÓN 6: formas de desplazamiento – movilidad y expresividad de piernas y pies.

SESIÓN 7: percepción gustativa – movilidad y expresividad de manos y brazos.

SESIÓN 8: máscara facial – movilidad y expresión del rostro.

SESIÓN 9: percepción olfativa – movimiento y expresividad de las caderas.

SESIÓN 10: percepción táctil – objeto como desencadenante de la acción física.

SESIÓN 11: ritmo – motores (cabeza/tórax/cadera) – direcciones.

SESIÓN 12: espacio personal – movimientos individuales – trayectoria – equidistancia.

SESIÓN 13: espacio grupal – movimientos colectivos – profundidad – perspectiva – frontalidad.

SESIÓN 14: memoria sensorial – series de acciones físicas.

SESIÓN 15: sensibilidad y afiatamiento grupal.

SESIÓN 16: valoración perceptual – conceptual – calificativa – nivel personal, grupal y técnico teatral.

VOZ

Los contenidos de voz se aplican en los ejercicios de Sensibilización, Creatividad vocal y Expresión. Están distribuidos para ser desarrollados en 16 sesiones de Expresión Dramática.

SESIÓN 1: respiración – inspiración – contención – espiración.

SESIÓN 2: intensidad – creatividad sonora.

SESIÓN 3: timbre – tono.

SESIÓN 4: resonadores (cabeza/nasal/pecho) – la voz de las personas.

SESIÓN 5: lectura mímica – articulación.

SESIÓN 6: imitación de los sonidos de la naturaleza y del cuerpo humano.

SESIÓN 7: sonidos sugeridos por un texto – por los objetos; sonidos imaginarios.

SESIÓN 8: voz enfatiza acciones – matización de mensajes.

SESIÓN 9: historias con sonido – ajuste de la voz a los significados.

SESIÓN 10: caracterización vocal de personajes – vocalización de consonantes oclusivas.

SESIÓN 11: imitación de sonidos de máquinas – vocalización de consonantes fricativas.

SESIÓN 12: articulación de un texto – vocalización de consonantes africadas.

SESIÓN 13: sonorización libre – vocalización de consonantes nasales/ laterales/vibrantes.

SESIÓN 14: interpretación vocal de un texto.

SESIÓN 15: interpretación musical de un texto.

SESIÓN 16: valoración perceptual – conceptual – calificativa – nivel personal, grupal y técnico teatral.

ACTUACIÓN

Los contenidos de actuación se aplican en los ejercicios Preliminares, de Sensibilización, Creatividad corporal, Creatividad vocal y Expresión. Están distribuidos para ser desarrollados en 16 sesiones de Expresión Dramática.

SESIÓN 1: juego personal – proyectado – dirigido – dramático – improvisación – dramatización – teatro.

SESIÓN 2: emociones básicas – miedo/pena/ira/pasión/amor/alegría/odio.

SESIÓN 3: elementos básicos de la estructura dramática aristotélica: presentación – nudo – clímax – desenlace.

SESIÓN 4: caracterización de personajes reales.

SESIÓN 5: caracterización de personajes imaginarios.

SESIÓN 6: caracterización de personajes animales.

SESIÓN 7: creación de espacios personales y grupales.

SESIÓN 8: concepto de diálogo y de escena dramática.

SESIÓN 9: cuerpo y voz protagonistas de la acción.

SESIÓN 10: objetos protagonistas de la acción.

SESIÓN 11: sonidos protagonistas de la acción.

SESIÓN 12: espacios personales y grupales protagonistas de la acción.

SESIÓN 13: presentación protagoniza la acción.

SESIÓN 14: conflicto protagoniza la acción.

SESIÓN 15: desenlace protagoniza la acción.

SESIÓN 16: valoración perceptual – conceptual – calificativa – nivel personal, grupal y técnico teatral.

MÉTODO BÁSICO DE MONTAJE

El método básico de montaje corresponde a la fase de desarrollo y se presenta como una estructura didáctica, de 16 pasos ascendentes en complejidad, que buscan orientar un montaje y/o puesta en escena de estilo teatral realista.

PASO 1: selección de la escena u obra de teatro a montar.

PASO 2: lectura objetiva (sin interpretación).

PASO 3: análisis del autor – datos biográficos y literarios.

PASO 4: interpretación del texto para orientar el montaje:

a) Título de la obra de teatro o escena
b) Fecha de composición
c) Relación con otras obra
d) Influencias
e) Comentarios
f) Críticas

PASO 5: unidades de acción: dividir el texto en bloques temáticos. Luego titular cada unidad con nombres sugerentes que estimulen la creatividad y la expresividad actoral de los participantes.

PASO 6: definición de personajes:

a) Características externas: tipo físico, detalles fisonómicos, constitución física, gestos, tics, movimientos, forma de hablar, entre otros.
b) Características internas: tipo psicológico, aspecto ético y valórico, rasgos de personalidad, manías, entre otros.

PASO 7: establecer una planta de movimiento basada en la interpretación de los participantes que se preguntarán:

a) ¿A qué viene mi personaje a escena?
b) ¿Qué hace en escena?
c) ¿Cómo lo hace?
d) ¿Qué quiere conseguir?

PASO 8: proceso de montaje orientado a montar la obra o la escena por unidades. Es recomendable que la memorización de los movimientos y del texto sea paralela.

PASO 9: ensayos orientados a perfeccionar la planta de movimiento ya creada. Es importante integrar al trabajo creativo el desarrollo de la capacidad de crítica.

PASO 10: ensayos con texto y planta de movimiento memorizados.

PASO 11: ensayos técnicos: incorporación del vestuario, maquillaje, escenografía, iluminación, máscaras, música, utilería, etcétera.

PASO 12: ensayos generales.

PASO 13: ensayo general con público. Resulta muy aportador y gratificante para el desarrollo personal de los participantes, que el primer público invitado esté compuesto por pares (compañero/as de curso).

PASO 14: valoración perceptual – conceptual – calificativa – nivel personal, grupal y técnico teatral.

PASO 15: presentación final de taller. Resulta muy aportador y gratificante para el desarrollo personal de los participantes, que asista al espectáculo la familia, especialmente los padres y apoderados, y los amigos. En la medida de lo posible es recomendable hacer un programa donde se especifique el nombre, el rol y/o la función que cumplieron todas las personas involucradas en la presentación.

PASO 16: valoración perceptual – conceptual – calificativa – nivel personal, grupal y técnico teatral.

INSTRUMENTO: SESIÓN DE EXPRESIÓN DRAMÁTICA - SED

INSTRUMENTO:
SESIÓN DE EXPRESIÓN DRAMÁTICA - SED

ESTRUCTURA DEL INSTRUMENTO

La **sesión de expresión dramática** SED es el instrumento metodológico angular de la pedagogía teatral y abarca todos los niveles de la expresión y la creatividad, desde el juego espontáneo hasta las creaciones artísticas individuales y colectivas más elaboradas que constituyen la teatralidad. Su utilización como recurso pedagógico busca impulsar el desarrollo y la expresión del área afectiva de las personas mediante el **juego dramático**.

En los campos referidos a las necesidades educativas especiales, la expresión dramática propuesta por la pedagogía teatral como recurso medular representa un marco de acción y de orientación psico-dinámica y comunitaria que, como herramienta terapéutica al servicio de los diversos objetivos, pretende facilitar la toma de conciencia de las propias dificultades y limitaciones que afectan a este universo.

Permite, al mismo tiempo, mantener y sanear los vínculos entre las personas con discapacidad (social, física, psíquica y/o mental) y su medio ambiente, perfeccionando y complementando los hábitos adquiridos para potenciar sus habilidades sociales, capacidad laboral, diversidad y posible inserción en la sociedad.

Todas las personas necesitan vivir la fantasía e instrumentar la imaginación y la creación para estimular su propia libertad de expresión. Algunas de ellas, sin embargo, cuentan con pocas oportunidades para cubrir estas necesidades, ya que los problemas propios de la diferencia que las afecta perjudican su control motor, coordinación física, percepción sensorial, comunicación oral, imaginación creadora, habilidades sociales y desarrollo conceptual.

La expresión dramática, como arte en funcionamiento, intenta apoyar la evolución de una auto-imagen positiva para adquirir la concentración y seguridad necesarias que permitan verbalizar y expresar auténticamente la propia individualidad. Estimula las necesidades y capacidades de adoptar y adecuarse a distintos roles y situaciones, constituyéndose como personas independientes que, valorando su propia diferencia, participen de una educación integrada.

Cada una de las sesiones que se presentan a continuación tiene una estructura compuesta de cinco partes y está basada en la proposición de los docentes españoles Tomás Motos y Francisco Tejedo. Es importante señalar que resulta altamente conveniente incluir un ejercicio de valoración, dos veces por mes, al finalizar cada

SED. Dicha valoración, como se expondrá más adelante con ejemplos prácticos, puede realizarse a nivel personal, grupal y/o técnico-teatral con un instrumento evaluativo perceptual, conceptual y/o calificativo, según el facilitador/a y el grupo estimen conveniente.

Cada sesión de expresión dramática aumenta secuencialmente en dificultad con respecto a la inmediatamente anterior, a medida que cruzan las cuatro etapas de desarrollo del juego. Incluyen un total de 111 ejercicios prácticos algunos de creación personal, y fueron seleccionados considerando la realidad del niño/a, del pre-adolescente y adolescente chileno/a.

1. Preliminares

- Es recomendable incluir uno o dos ejercicios preliminares como mínimo al iniciar cada sesión. La cantidad depende de la etapa de desarrollo del juego de los estudiantes y del tiempo disponible para la sesión.
- Es importante que los preliminares sean lúdicos, físicos y sorpresivos.
- Se debe procurar poner activamente al estudiante en contacto con su cuerpo.
- Deben crear un clima de confianza y aceptación colectiva.

2. Sensibilización

- Es recomendable incluir uno como mínimo en cada sesión.
- Es importante que apunten al desarrollo de los sentidos y de la sensibilidad.
- Deben ayudar a incrementar la percepción sensorial y la capacidad de sentir.
- Se debe provocar un estado de alerta sensible.
- Buscan que el estudiante responda a los estímulos sensoriales de su mundo personal y del entorno que lo rodea.

3. Creatividad Corporal

- Es recomendable incluir uno o dos como mínimo en cada sesión. La cantidad de ejercicios de creatividad corporal depende de la etapa de desarrollo del juego de los estudiantes y del tiempo disponible para la sesión.
- Buscan que el estudiante tome conciencia de su esquema corporal.
- Deben ejercitar las habilidades expresivas de la corporalidad.

- Pretenden desarrollar las destrezas motoras del cuerpo.
- Es importante desarrollar la relación del cuerpo con el espacio, con los objetos físicos y con los cuerpos de otras personas.

4. Creatividad Vocal

- Es recomendable incluir uno o dos como mínimo en cada sesión. La cantidad de ejercicios de creatividad vocal depende de la etapa de desarrollo del juego de los estudiantes y del tiempo disponible para la sesión.
- Están concebidos para restarle aridez a la enseñanza de la técnica vocal.
- Buscan que el estudiante tome conciencia de su aparato vocal.
- Deben ejercitar las habilidades expresivas de la voz.
- Es importante desarrollar la capacidad de juego vocal.

5. Expresión

- Es recomendable incluir uno como mínimo en cada sesión.
- Requiere más tiempo para su realización.
- Busca que el estudiante diferencie entre ficción y realidad.
- Debe fundir los contenidos temáticos de la sesión.
- Persigue desarrollar la capacidad de juego.
- Apunta a desarrollar el área afectiva.
- Es importante señalar que la forma de juego estimulada depende de la etapa de desarrollo en que se encuentren los estudiantes. Estas son:

  ETAPA I: juego personal (0 a 3 años) y juego proyectado (3 a 5 años)

  ETAPA II: juego dirigido (5 a 7 años) y juego dramático (7 a 9 años)

  ETAPA III: juego dramático (9 a 12 años) e improvisación (12 a 15 años)

  ETAPA IV: dramatización (15 a 18 años) y teatro (18 a 25 años)

6. Valoración

- Es importante incluir un ejercicio de valoración al finalizar cada sesión.
- Debe tener relación con de la etapa de desarrollo del juego de los estudiantes.

- Debe considerar el tiempo disponible para la valoración.
- Se debe procurar poner activamente al estudiante en contacto con su cuerpo.
- Debe crear un clima de confianza y aceptación colectiva.
- Puede realizarse a nivel personal, grupal y/o técnico-teatral con un instrumento evaluativo perceptual, conceptual y/o calificativo, según el facilitador/a y el grupo estimen conveniente.

DIECISÉIS SESIONES DE EXPRESIÓN DRAMÁTICA-SED

Es necesario aclarar que, por razones prácticas y buscando abarcar el amplio universo del discurso de la pedagogía teatral, se desarrollaron tres sesiones dirigidas a la I etapa (juego personal y proyectado), cuatro sesiones dirigidas a la II etapa (juego dirigido), cinco sesiones dirigidas a la III etapa (juego dramático) y cuatro sesiones dirigidas a la IV etapa (improvisación y dramatización).

Si bien dicho corte está especificado al inicio y orienta la totalidad de cada sesión, la evolución más relevante se aprecia en la Expresión. Cabe señalar que los ejercicios son aplicables a todas las edades, dependiendo del grado de conocimiento teatral que tengan los participantes. Los que se presentan son solo a modo de ejemplo y son flexibles, ya que el facilitador/a puede incorporar, eliminar o re-asignar los ejercicios preliminares, de sensibilización, de creatividad corporal y vocal, de expresión y valoración propuestos en esta edición, según lo ameriten los objetivos y contenidos pedagógico-teatrales planificados.

La duración de una sesión de Expresión Dramática SED conformada por las seis fases, no debe ser inferior a una hora pedagógica (cuarenta y cinco minutos) para la I y la II etapa, ni superior a tres horas pedagógicas (dos horas y quince minutos) para la III y IV etapa de desarrollo del juego Es importante cerrar la SED con una actividad reflexiva que permita al grupo comentar la experiencia vivida

Las SED están estructuradas para grupos cuyo número de integrantes fluctúa entre diez y treinta personas, y fueron diseñadas considerando que, en general, la realidad escolar chilena no cuenta con gran cantidad de recursos materiales para realizar actividades artísticas. Por ello se detallan a continuación los elementos con los que debería contar un facilitador/a para realizar la metodología planteada en el total de sesiones propuestas en este capítulo.

Recursos materiales:

- una sala equipada con mesas y sillas movibles
- pizarra, plumones, borrador
- pc y data
- acceso a internet
- música
- imágenes visuales
- elementos sonoros
- 4 plumones gruesos
- un pandero
- un silbato
- 15 a 30 trozos de tela de 50 por 50 cms. o pañuelos de cabeza
- 15 a 30 objetos cotidianos
- frutas de la estación
- 10 vasos plásticos chicos con 10 contenidos diferentes
- 15 a 30 fotocopias
- 4 pliegos de cartulina
- una recopilación de noticias periodísticas
- textos de escenas y/o obras de teatro

SED NÚMERO 1 (etapa I)

Preliminares

Movamos nuestro cuerpo: (figura 1) el facilitador/a dispone a los niños de pie en círculo y se coloca al medio. Siempre girando y ayudado por un pandero, les pide que lo acompañen a:

- **extender su cuerpo**
- **saltar con los dos pies**
- **contraer su cuerpo**
- **saltar con un pie**
- **gatear**
- **caminar hacia adelante**
- **sentarse**
- **caminar hacia atrás**
- **pararse**
- **acostarse de boca**
- **balancearse**
- **acostarse de espaldas**
- **girar en sí mismo**
- **bailar...............................por ejemplo**

Figura 1

Sensibilización

El pañuelo y yo: (figura 2) el/la facilitador/a dispone a los niños de pie en círculo y les entrega, a cada uno, un pañuelo o un pedazo de tela de 50 por 50 centímetros. Ayudado por un pandero para motivar la expresión, les pide que:

- **tomen el pañuelo con una mano**
- **tomen el pañuelo con la otra mano**
- **tomen el pañuelo con las dos manos**
- **se pongan el pañuelo arriba de la cabeza**
- **se tapen la cara con el pañuelo**
- **lleven el pañuelo arriba**
- **lleven el pañuelo abajo**
- **lleven el pañuelo a un lado**
- **lleven el pañuelo al otro lado**
- **pongan el pañuelo en el suelo**
- **se sienten arriba del pañuelo**
- **se paren arriba del pañuelo**
- **se acuesten detrás del pañuelo**
- **se intercambien el pañuelo**
- **hagan un tren ligado por los pañuelos..............por ejemplo**

Figura 2

Creatividad corporal

Los chanchitos bolitas: (figura 3) el/la facilitador/a se sienta con los niños en círculo. Les pregunta si conocen los chanchitos bolitas (chancho de tierra). Comentan sus experiencias produciendo una sensibilización del tema. Luego distribuye a los niños en el espacio y les pide que vayan haciendo lo que el/la facilitador/a va diciendo. Ayudado por el pandero para motivar la expresión, dice: Somos chanchitos bolitas, estamos durmiendo bien cerrados, como una pelotita, nadie nos puede abrir. Cuando suene el pandero, todos los chanchitos bolitas sienten el sol, se ponen contentos, sacan sus antenitas, despiertan, se abren, bostezan, estiran su cabeza, sus brazos, sus dedos, su tronco, sus piernas, sus pies y están muy felices. De pronto, cuando suene el pandero, los chanchitos bolitas pasan un susto muy grande, se ponen tristes y se cierran, redonditos, bien apretados, giran para protegerse, para que nadie los toque. Ahora, cuando suene el pandero, el peligro pasó y los chanchitos bolitas asoman su cabeza, miran a sus amigos, se extienden y se desplazan, gateando, arrastrándose, rodando hasta encontrarse con un amigo. Cuando suene el pandero, dejaremos de ser chanchitos bolitas y volveremos a ser niños que estamos conversando con nuestros amigos. Luego todos comentan la experiencia.

Figura 3

Creatividad vocal

Inventores de sonidos: el/la facilitador/a se sienta con los niños en círculo. Para realizar el ejercicio les pide que lo acompañen a sonar como:

- **una bocina**
- **un timbre**
- **un video juego**
- **una ambulancia**
- **una moto**
- **un teléfono celular**
- **un despertador**
- **una campana**
- **un teléfono fijo**
- **una bomba**
- **la televisión**
- **un tambor**
- **un computador**
- **la radio...............por ejemplo**

Expresión (juego personal y proyectado)

Los pañuelos juguetones: (figura 4) el/la facilitador/a dispone a los niños de pie en círculo y entrega nuevamente el pañuelo a cada uno. Ayudado por un pandero para motivar la expresión les pide que utilicen el pañuelo como:

- cinturón de pantalón
- delantal para cocinar
- bufanda para el frío
- frazada para dormir
- corbata para trabajar
- toalla para secarse
- pulsera para salir
- teléfono celular para conversar
- alfombra voladora
- paño de sacudir
- pañuelo para bailar cueca
- pañuelo para despedirse....................por ejemplo

Figura 4

Valoración

Todos/as comentarán la experiencia.

SED NÚMERO 2 (etapa I)

Preliminares

Araña-arañita (canción): (figura 5) el/la facilitador/a dispone a los niños y niñas sentados en círculo y se coloca al medio. Siempre girando y ayudado por un pandero para motivar la expresión, les pide que lo imiten.

ACCIÓN	CANCIÓN
Sentados	*araña-arañita*
parándose	*sube la escalera*
parados	*araña-arañita*
bajando	*pum que se cayó*
en cuclillas	*araña-arañita*
subiendo	*sube la escalera*
saltando	*vino el sapito*
cayendo	*pum se la comió*
acostados	*araña-arañita*
parándose	*sube la escalera*
bailando	*vino la lluvia*
bajando	*pum que la mojó.*

Figura 5

Sensibilización

Cuerpo musical: el/la facilitador/a se sienta con los niños y niñas en círculo. Para realizar el ejercicio les propone que lo ayuden a:

- palmear
- bostezar
- estornudar
- gritar
- zapatear
- roncar
- reír
- toser
- cantar
- rabiar
- susurrar
- masticar
- hipar
- llorar................por ejemplo

Creatividad corporal

¿Cómo camina?: (figura 6) el/la facilitador/a dispone a los niños de pie en semicírculo y se coloca adelante. Luego les pide que lo acompañen a imitar la forma de caminar de un:

- perro
- gato
- pájaro
- conejo
- mono
- sapo
- pez
- elefante
- araña
- serpiente
- pingüino
- grillo.............por ejemplo

Figura 6

Creatividad vocal

Los imitadores: el/la facilitador/a se sienta con los niños en círculo. Les pide que imiten los sonidos de los animales que más les gustan. Luego, apoyado por el pandero, los motiva a imitar el sonido de un:

- **león enojado**
- **perro contento**
- **pájaro hambriento**
- **vaca golosa**
- **mono triste**
- **gato nervioso**
- **caballo cansado**
- **loro gritón**
- **chancho copuchento.....por ejemplo**

Expresión (juego personal y proyectado)

Los animales: (figura 7) el/la facilitador/a dispone a los niños de pie en círculo. Ayudado por un pandero para motivar la expresión, les pide que:

- **caminen y rujan como un león enjaulado**
- **galopen y relinchen como un caballo apurado**
- **salten y griten como un mono feliz**
- **jueguen y maúllen como un gato regalón**
- **corran y ladren como un perro guardián**
- **repten como una serpiente en vacaciones**
- **caminen y aleguen como un elefante gordo**
- **salten con dos pies como un canguro cansado**
- **..por ejemplo**

Figura 7

Valoración

Todos/as comentarán la experiencia.

SED NÚMERO 3 (etapa I)

Preliminares

Tengo que: (figura 8) el/la facilitador/a dispone a los niños y niñas de pie en círculo y se coloca al medio. Siempre girando y ayudado por un pandero para motivar la expresión, les pide que lo imiten mientras dice y acciona:

- *Tengo que despertar*
tengo que despertar
muevo la cabeza
y giro en mi lugar
- *Tengo que saludar*
tengo que saludar
muevo mis dos manos
y giro en mi lugar
- *Tengo que volar*
tengo que volar
muevo mis dos brazos
y giro en mi lugar
- *Tengo que marchar*
tengo que marchar
muevo mis dos rodillas
y giro en mi lugar
- *Tengo que caminar*
tengo que caminar
muevo mis dos piernas
y giro en mi lugar
- *Tengo que correr*
tengo que correr
muevo mis dos pies
y vuelvo a mi lugar
- *Tengo que bailar*
tengo que bailar
muevo mi cuerpo entero
y giro en mi lugar

Figura 8

Sensibilización

¿Qué oyes?: el/la facilitador/a organizará a los niños y niñas sentados cómodamente en círculo. Les pedirá que se mantengan en silencio y con los ojos cerrados. Luego les hará escuchar una grabación de un mínimo de diez sonidos diferentes que el grupo tendrá que reconocer, nombrar y reproducir en voz alta. El sonido de:

- **un ronquido**
- **un timbre**
- **un electrodoméstico**
- **un teléfono celular**
- **una llave de agua corriendo**
- **una puerta**
- **una risa**
- **una conexión a internet**
- **un bostezo**
- **un llanto**
- **un animal**

......................por ejemplo

Creatividad corporal

Un, dos, tres corporal: (figura 9) el/la facilitador/a dispone a los niños y niñas de pie en círculo y se coloca al medio. Siempre girando y ayudado por un pandero, los motiva a que recreen corporalmente los estímulos, cuando diga:

Un, dos, tres:

- **florcitas son**
- **viejitos son**
- **vendedores son**
- **bailarines son**
- **profesores son**
- **árboles son**
- **perritos son**
- **fotógrafos son**
- **modelos son**
- **mamás son**
- **policías son**
- **papás son**

......................por ejemplo

Figura 9

Creatividad vocal

Un, dos, tres sonoro: el/la facilitador/a se sienta con los niños/as en círculo. Ayudado por el pandero, invita al grupo a reproducir los estímulos con la voz, cuando diga:

Un, dos, tres:

- **la playa somos**
- **la feria somos**
- **el recreo somos**
- **el circo somos**
- **la ciudad somos**
- **el estadio somos**
- **la selva somos**
- **el computador somos**
- **el auto somos**
- **el avión somos**
- **la plaza somos**

......................por ejemplo

Expresión (juego proyectado y dirigido)

La plaza: (figura 10) el/la facilitador/a dispondrá a los niños y niñas en círculo para organizar el ejercicio. Les comunicará el título del juego para extraer el material lúdico. La referencia será la plaza que más conozcan y las personas que han visto allí. El/la facilitador/a les ayudará a identificarse con algún personaje que los estudiantes expresarán corporal y vocalmente. No se requiere de un conflicto dramático, simplemente se busca que los participantes vivencien la plaza, jugando en forma espontánea y colectiva. El facilitador puede proponer que la plaza tenga un:

- **manisero**
- **mamás**
- **papás**
- **niños**
- **estudiantes**
- **algodonero**
- **fotógrafo**
- **ladrón**
- **carabinero**
- **ancianos...........por ejemplo**

Figura 10

Valoración

Todos/as comentarán la experiencia.

SESIÓN NÚMERO 4 (etapa II)

Preliminares

La revolución de los pies: (figura 11) el/la facilitador/a les pide a los/as estudiantes que se distribuyan libremente en el espacio. Ayudado por un pandero, los motiva a que:

caminen

- **rápido**
- **lento**
- **con pasos cortos**
- **con pasos largos**
- **en un pie**
- **en el otro**
- **en punta de pies**
- **en los talones**
- **con las rodillas juntas**
- **normal**

.............por ejemplo

salten

- **en su lugar**
- **hacia adelante**
- **hacia atrás**
- **hacia la derecha**
- **hacia la izquierda**
- **golpeándose los glúteos**
- **lo más alto que puedan**
- **con los brazos en alto**
- **girando sobre sí mismos**
- **con otro, de a cuatro, de a ocho**
- **con todo el grupo**

.......................por ejemplo

Figura 11

Sensibilización

Las flores: (figura 12) el/a facilitador/a les pide a los/as estudiantes que se distribuyan libremente por el espacio y que corporalicen los estímulos a medida que los reciban. Ayudado por un pandero para motivar la expresión, dice: somos una pequeña semilla que está recién plantada en la tierra. Nuestros cuerpos están cerrados, nadie nos puede abrir. Cuando suene el pandero, alguien riega a todas las semillas, ellas se ponen contentas y empiezan a crecer. Sienten el calor del sol, se abren, extienden sus brazos, sus dedos, su tronco, sus piernas, sus pies hasta quedar de pie, convertidas en hermosas flores. De pronto, cuando suene el pandero, empieza a correr un viento suave. Las flores se mecen lentamente.

Luego el viento empieza a correr más fuerte. Las flores apenas pueden sostenerse en pie. Al sonar del pandero empieza a llover muy fuerte, tratan de resistir la lluvia pero caen derrotadas. Están tristes y adoloridas, tendidas en el suelo.

De pronto se detiene la lluvia, sale el sol y las flores empiezan a recuperarse. Cuando suena el pandero, se incorporan lentamente, se sacuden el agua, se secan, arreglan sus pétalos y salen a pasear. Se encuentran con una amiga, conversan, se ríen, comparten. La pequeña semilla se ha transformado en una linda flor. Cuando suene el pandero, dejaremos de ser flores y volveremos a ser niños que estamos conversando con nuestros amigos.

Figura 12

Creatividad corporal

Los mimos: (figura 13) el/la facilitador/a dispone a los estudiantes en un círculo amplio, de manera que cada niño/a pueda ver los movimientos de todos los demás. Luego los motiva a recrear corporalmente acciones físicas basadas en actividades cotidianas, tales como:

- despertarse
- lavarse la cara
- ponerse un abrigo
- hacerse un peinado
- abrocharse los zapatos
- comer tallarines
- regar una planta
- cocinar una sopa
- barrer la casa
- hojear una revista
- ver televisión
- saludarse
- comprar pan
- colgar un cuadro
- trabajar en el computador
- hablar por teléfono
- ir al cine
- despedirse

.............por ejemplo

Figura 13

Creatividad vocal

La voz mueve montañas: el/la facilitador/a divide a los/asa estudiantes en dos grupos: A y B y los dispone frente a frente. Primero el grupo A emite un sonido que el grupo B corporaliza. Luego que A ha creado un mínimo de cinco sonidos, se ejecuta al revés. El/la facilitador/a opera como mediador entre ambos grupos. Se puede jugar con sonidos de animales, de la naturaleza, de máquinas, de emociones, del cuerpo humano.

Expresión (juego dirigido)

El supermercado: el/la facilitador/a dispondrá a los estudiantes en círculo para organizar el ejercicio. Les comunicará el título del juego para extraer el material lúdico. La referencia será el supermercado que más conozcan y las personas que han visto allí. Luego ayudará a establecer las parejas comprador-vendedor, tomando en cuenta la identificación de los niños con el rol. No se requiere de un conflicto dramático, simplemente se busca que los participantes se expresen corporal y vocalmente para que logren socializar, mediante el juego dirigido, el acto de comprar-vender.

Valoración

Todos/as comentarán la experiencia.

SED NÚMERO 5 (etapa II)

Preliminares

La cuerda imaginaria: (figura 14) el/la facilitador/a pedirá a los/as estudiantes que se agrupen en parejas (A y B), colocándose frente a frente. Todo el grupo trabajará en forma simultánea. A atará una cuerda imaginaria en alguna parte del cuerpo de B. A tirará de la cuerda y B caminará sintiendo la tracción en la parte del cuerpo en que la cuerda ha sido atada. Después de tres a cinco minutos el facilitador dará instrucciones para que aten la cuerda a otra parte del cuerpo. Luego A será atado por B.

Figura 14

Sensibilización

Ordenes visuales: (figura 15) el/la facilitador/a dispone a los/as estudiantes en semicírculo y se coloca al frente. Para realizar el juego hay que memorizar algunas reglas que se ensayan antes de iniciar el juego. Luego de memorizarlas el/la facilitador/a varía el orden libremente. El grupo tiene que esforzarse por recordar y no equivocarse.

ACCIÓN-FACILITADOR/A	ACCIÓN-GRUPO
• se toca la cabeza	• se paran
• se toca la nariz	• saltan
• se toca el pecho	• giran sobre sí mismos
• aplauden	• corren
• se toca las rodillas	• conversan
• toca el suelo	• se sientan..............por ejemplo

Figura 15

Creatividad corporal

La máquina del cuerpo: (figura 16) el/la facilitador/a dispone a los/as estudiantes en semicírculo y se coloca al frente. Les explica que jugarán a construir corporalmente diferentes máquinas. Para ello los divide en grupos de mínimo cinco y máximo diez participantes. Cada grupo deberá recrear en conjunto alguno de los siguientes estímulos:

- **un tren**
- **un automóvil**
- **un computador**
- **un barco**
- **una moto**
- **un avión**
- **una lavadora**
- **un teléfono celular**
- **una máquina de escribir**
- **un reloj...................................por ejemplo**

Figura 16

Creatividad vocal

¿Cómo suena?: el/la facilitador/a se sienta con los/as estudiantes en círculo. Luego los invita a traducir con la voz los siguientes estímulos físicos y emocionales, tales como:

- **el miedo**
- **el calor**
- **la tristeza**
- **el asco**
- **la alegría**
- **el placer**
- **el cansancio**
- **el frío**
- **la rabia**
- **el amor............................por ejemplo**

Expresión (juego dirigido)

La micro: (figura 17) el/la facilitador/a dispondrá a los estudiantes en círculo para organizar el ejercicio. Les comunicará el título del juego para extraer el material lúdico. La referencia serán los buses de locomoción colectiva y los pasajeros que puedan haber visto allí. Luego el/la facilitador/a ayudará a establecer los personajes, tomando en cuenta la identificación de los participantes con el rol. No se requiere de un conflicto dramático, simplemente se busca que los participantes se expresen corporal y vocalmente para que logren socializar, mediante el juego dirigido, un medio de transporte.

Figura 17

Valoración

Todos/as comentarán la experiencia.

SED NÚMERO 6 (ETAPA II)

Preliminares

Estado de alerta: (figura 18) el/la facilitador/a pide a los estudiantes caminar libremente por la sala al ritmo marcado por el pandero. Cuando este deja de sonar, se reúnen rápidamente dos integrantes y se sientan en el suelo tomados de las manos. Cuando vuelve a sonar el pandero, retoman la caminata. El juego se repite formando grupos de tres, cuatro, cinco, seis o más participantes, dependiendo del número total de estudiantes.

Figura 18

Yo mando que: (figura 19) el/la facilitador/a dispone a los estudiantes en semicírculo y se coloca al frente. Ayudado por un pandero para que la instrucción sea asertiva, le pide al grupo que:

- **quede congelado**
- **coma sandía**
- **llore a gritos**
- **cante desafinado**
- **haga silencio**
- **tome bebida**
- **sienta mucho frío**
- **se lave los dientes**
- **le dé un abrazo al compañero**
- **mastique chicle**
- **escuche música**
- **ande en bicicleta.............por ejemplo**

Figura 19

Sensibilización

El tiempo es oro: el/la facilitador/a se sienta con los/as estudiantes en círculo. Le pide a un integrante que se ponga al centro y se describa a sí mismo en diez segundos cronometrados. El grupo escucha. Para motivarlos y dependiendo de cuánto se conozcan entre sí, el/la facilitador/a puede sugerir que tomen en cuenta:

- **el nombre**
- **la edad**
- **el liceo o colegio donde estudian**
- **la mejor cualidad**
- **el peor defecto**
- **el programa de**
- **la estación del año en que nacieron**
- **el año en que nacieron**
- **la comida favorita**
- **la cantidad de hermanos**
- **el deporte que más les gusta**
- **las materias que les gustan**

....................................por ejemplo

Creatividad corporal

El rincón de: (figura 20) el/la facilitador/a distribuye a los/as estudiantes en semicírculo y se coloca al frente. Explica que jugarán con los cuatro rincones de la sala. En grupos de máximo cuatro integrantes, los participantes tendrán que corporizar el estímulo que corresponda al rincón de los:

- **cocineros**
- **bailarines**
- **costureras**
- **profesores**
- **estudiosos**
- **doctores**
- **pianistas**
- **peluqueras**
- **cantantes**
- **conductores**
- **científicos**
- **obreros.................por ejemplo**

Figura 20

El mono porfiado: (figura 21) el/la facilitador/a dispone a los/as estudiantes en un círculo amplio, de manera que cada integrante pueda ver los movimientos de todos los demás. Explica que el juego consiste en caer y levantarse lo más rápido posible y los motiva a caer:

- **como borracho**
- **aplastado por un piano**
- **por un desmayo**
- **por un disparo**
- **por tropezar**
- **por chocar con algo**
- **por chocar con alguien**
- **como una pluma**
- **como una piedra**
- **como un payaso**
- **como empujado por alguien**
- **por cansancio....................................por ejemplo**

Figura 21

Creatividad vocal

Las noticias: el/la facilitador/a se sienta con los/as estudiantes en círculo. Le pide a un integrante que se ponga al centro. Le entrega una noticia periodística y le pide que la lea en voz alta como si fuera un lector de noticiario. El grupo apoyará el relato, creando la banda sonora de la noticia que escucha. El ejercicio se puede repetir, dependiendo de la cantidad de integrantes. Es importante que el material seleccionado sea apto para ser sonorizado.

Expresión (juego dirigido y dramático)

La escuela / el liceo / el colegio: (figura 22) el/la facilitador/a dispondrá a los/as estudiantes en círculo para organizar el ejercicio. Les comunicará el título del juego para extraer el material lúdico y producir en conjunto un proyecto oral que los motive. La referencia será la escuela / liceo / colegio donde estudian. Es importante acotar que se está buscando la expresión del participante y no una representación teatral. Solo se requiere de un espacio relativamente despejado para jugar. Luego el /la facilitador/a ayudará a establecer los personajes, cuya referencia serán los estudiantes, profesores, personal administrativo, auxiliares, padres y apoderados de la escuela / liceo / colegio. Los personajes serán auto-designados, buscando que se produzca identificación de los participantes con el rol seleccionado.

Las acciones y diálogos serán improvisados y estimulados por el/la facilitador/a. No se requiere de un conflicto dramático, simplemente se busca que los participantes expresen corporal y vocalmente las percepciones del lugar donde estudian. El grupo deberá recrear la escuela / liceo / colegio con la infraestructura de la sala. La idea es no utilizar más recursos de los que hay en el aula.

Figura 22

Valoración

Todos/as comentarán la experiencia.

SED NÚMERO 7 (ETAPA II)

Preliminares

El baile del tiburón: (figura 23) el/la facilitador/a se dispone con el grupo en círculo. Ayudado por un pandero, para motivar los estímulos, invita a los participantes a cantar, accionar y bailar. Es importante que el/la facilitador/a acelere la canción cada vez que empieza de nuevo.

CANCIÓN	ACCIÓN
• *tiburón, tiburón (bis)*	• manos a la cabeza como aleta de tiburón
• *tiburón a la vista*	• mano derecha en la frente como visera
• *bañista*	• ambos brazos como nadando
• *un tiburón*	• manos a la cabeza como aleta de tiburón
• *quiere comer*	• mano derecha a la boca
• *de mi pellejo*	• mano derecha a antebrazo izquierdo como pellizcándolo
• *no va a poder*	• dedo índice derecho diciendo no
• *salte del agua*	• con el brazo derecho invitando
• *Mujer*	• con ambas manos trazando un cuerpo femenino
• *vente conmigo*	• con el brazo derecho invitando
• *a bailar*	• bailando con todo el cuerpo
• *que el tiburón*	• manos a la cabeza como aleta de tiburón
• *te quiere comer*	• mano derecha a la boca
• *ay-ay-ay-ay*	• girando sobre sí mismos
• *que te come*	• mano derecha a la boca
• *el tiburón*	• manos a la cabeza como aleta de tiburón
• *mamá*	• con ambos brazos sosteniendo un bebé
• *ay-ay-ay-ay*	• girando sobre sí mismos
• *que te come*	• mano derecha a la boca
• *el tiburón*	• manos a la cabeza como aleta de tiburón
• *mamá*	• con ambos brazos sosteniendo un bebé (bis)

Figura 23

El chicle: (figura 24) el/la facilitador/a se dispone con los/as estudiantes en círculo. Ayudado por un pandero, para motivar la expresión, invita al grupo a accionar y dice:

- **de nuestro bolsillo sacamos un chicle**
- **le quitamos el papel y lo llevamos a la boca**
- **lo mascamos, está duro al principio, luego lo ablandamos**
- **toda nuestra boca come chicle, es enorme**
- **hacemos globos imaginarios y los hacemos reventar**
- **toda nuestra cara come chicle**
- **ahora nuestros hombros comen chicle**
- **Luego el/la facilitador/a agrega todo el cuerpo por segmentos**
- **brazos, manos, dedos, tronco, caderas, piernas, pies**
- **todo el cuerpo come chicle**
- **ahora somos chicles alegres, rabiosos, miedosos, tímidos…**
- **finalmente el chicle disminuye de la misma forma en que creció ……………………………………………por ejemplo**

Figura 24

Sensibilización

La mímica: el/la facilitador/a divide a los/as estudiantes en grupos de cinco integrantes. Cada grupo selecciona un video y/o una película de cine o televisión para representarla en mímica. Se reúnen por cinco minutos y luego la presentan por turno. Los observadores deberán descubrir de qué película o video se trata.

Creatividad corporal

A la otra orilla: (figura 25) el/la facilitador/a reunirá a los/as estudiantes en un círculo para explicarles las reglas del juego. Todos serán náufragos en busca de una isla apropiada para quedarse. Para ello tienen que cruzar muchas veces a la otra orilla, de isla en isla. Ayudado por un pandero, para motivar la expresión, el/la facilitador/a dispone a todos los participantes en una esquina de la sala. Si son muy numerosos, se puede jugar por grupos. Dice, cruzamos como:

- **náufragos**
- **militares**
- **borrachos**
- **discapacitado**
- **nadando**
- **corriendo**
- **bailarines**
- **autos**
- **no videntes**
- **volando**
- **cansados**
- **riendo**
- **enojados**
- **electricidad**
- **música**
- **tijeras**
- **llorando**
- **computadores.........por ejemplo**

Figura 25

Caras raras: el/la facilitador/a pedirá a los/as estudiantes que se distribuyan en parejas para trabajar en forma simultánea. A se pondrá al frente de B y ambos realizarán con el rostro las caras más raras posibles, utilizando las mejillas, labios, boca, lengua, mandíbulas, ojos, frente, nariz. Luego A realizará una máscara que B intentará reproducir.

Luego B realizará y A reproducirá. Conviene que las caras raras se congelen por algunos minutos para que el compañero pueda observar y luego reproducir.

Creatividad vocal

El cazador: (figura 26) el/la facilitador/a se sienta con los/as estudiantes en círculo.

Invita a los participantes a accionar con él mientras dice:

TEXTO	ACCIÓN
• somos cazadores	• **expresión corporal de cazadores**
• vamos caminando	• **golpeando con las palmas en los muslos**
• cuando de pronto	• **detención del movimiento**
• uyuyuyuyui	• **ambas manos tapándose los ojos**
• pero qué veo	• **mano derecha a la frente como visera**
• un gran río	• **expresión de alegría**
• no puedo pasar por aquí	• **brazo derecho indicando a la derecha**
• no puedo pasar por allá	• **brazo izquierdo indicando a la izquierda**
• voy a tener que cruzar el río	• **ambas manos a la cintura**
• y vamos caminando	• **golpeando con las palmas en los muslos**
• y cruzamos el río	• **haciendo el sonido del agua**
• y seguimos caminando	• **golpeando con las palmas en los muslos**
• cuando de pronto	• **detención del movimiento**
• uyuyuyuyui	• **ambas manos tapándose los ojos**
• pero qué veo	• **mano derecha a la frente como visera**
• una montaña	• **expresión de rabia**
• no puedo pasar por aquí	• **brazo derecho indicando a la derecha**
• no puedo pasar por allá	• **brazo izquierdo indicando a la izquierda**
• voy a tener que subir la montaña	• **ambas manos a la cintura**
• y vamos caminando	• **golpeando con las palmas en los muslos**
• y subimos la montaña	• **haciendo una escala musical**
• y seguimos caminando	• **golpeando con las palmas en los muslos**
• cuando de pronto	• **detención del movimiento**
• uyuyuyuyui	• **ambas manos tapándose los ojos**
• pero qué veo	• **mano derecha a la frente como visera**
• un campo de flores	• **expresión de placer**
• no puedo pasar por aquí	• **brazo derecho indicando a la derecha**
• no puedo pasar por allá	• **brazo izquierdo indicando a la izquierda**
• voy a tener que cruzar el campo de flores	• **ambas manos a la cintura**
• y vamos caminando	• **golpeando con las palmas en los muslos**
• y cruzamos el campo de flores	• **cantando románticamente**
• y seguimos caminando	• **golpeando con las palmas en los muslos**
• cuando de pronto	• **detención del movimiento**
• uyuyuyuyui	• **ambas manos tapándose los ojos**
• pero qué veo	• **mano derecha a la frente como visera**
• una cueva	• **expresión de miedo**
• no puedo pasar por aquí	• **brazo derecho indicando a la derecha**
• no puedo pasar por allá	• **brazo izquierdo indicando a la izquierda**

TEXTO	**ACCIÓN**
• voy a tener que entrar a la cueva	• **ambas manos a la cintura**
• y vamos caminando	• **golpeando con las palmas en los muslos**
• y entramos a la cueva	• **castañeteando los dientes**
• uyuyuyuyui	• **ambas manos tapándose los ojos**
• está oscuro	• **tanteando con las manos**
• uyuyuyuyui	• **ambas manos tapándose los ojos**
• pero qué toco	• **simulando tocar algo repugnante**
• es peludo	• **mimando los pelos con los dedos**
• y tiene orejas	• **mimando las orejas con las manos**
• y tiene hocico	• **mimando el hocico con las manos**
• es un lobo	• **gritando**
• arranquemos	• **golpeando con las palmas en los muslos**
• y salimos de la cueva	• **castañeteando los dientes**
• y corremos	• **golpeando con las palmas en los muslos**
• y cruzamos el campo de flores	• **cantando románticamente**
• y corremos	• **golpeando con las palmas en los muslos**
• y subimos la montaña	• **haciendo una escala musical**
• y corremos	• **golpeando con las palmas en los muslos**
• y cruzamos el río	• **haciendo el sonido del agua**
• y corremos	• **golpeando con las palmas en los muslos**
• y por fin llegamos	• **mano derecha a la frente con gesto de alivio**
• ya estamos a salvo	• **detención del movimiento**

Figura 26

Expresión (juego dirigido y dramático)

Las vacaciones: (figura 27) el/la facilitador/a dispondrá a los/as estudiantes en círculo para organizar el ejercicio. Les comunicará que jugarán a las vacaciones para extraer el material lúdico y producir en conjunto un proyecto oral que los motive. Es importante acotar que se está buscando la expresión del participante y no una representación teatral. Solo se requiere de un espacio relativamente despejado para jugar. Luego el/la facilitador/a ayudará a establecer los personajes, cuya referencia serán personas que recuerden de sus últimas vacaciones. Los personajes serán auto-designados, buscando que se produzca identificación de los estudiantes con el rol seleccionado. Las acciones y diálogos serán improvisados y estimulados por el/la facilitador/a. No se requiere de un conflicto dramático, simplemente se busca que los participantes expresen corporal y vocalmente las percepciones del lugar donde veranean. El grupo deberá recrear las vacaciones con la infraestructura de la sala. La idea es no utilizar más recursos de los que hay en el aula.

Figura 27

Valoración

Todos/as comentarán la experiencia.

SED NÚMERO 8: (ETAPA III)

Preliminares

Casa-habitante: (figura 28) el/la facilitador/a pedirá al grupo que forme tríos (A-B-C). A y B serán «casa» y para ello, formarán con sus brazos extendidos y sus manos tomadas, un techo que cobijará a C, que estará al medio y será el «habitante ». Cuando el/la facilitador/a diga «cambio de casa», apoyado por su pandero, todos los dúos A y B se intercambiarán, sin separarse, buscando un nuevo habitante.

Los habitantes se deben quedar quietos. Cuando el/la facilitador/a diga «cambio de habitante», todos los C buscarán otro techo donde cobijarse. Los dúos A y B deberán permanecer quietos. Cuando el/la facilitador/a diga «terremoto», todos los tríos se desarmarán y formarán nuevas casas con nuevos habitantes. El/la facilitador/a también puede decir «cambio de casa en Chiloé», y todo el grupo actuará como si fueran chilotes cantando, o puede decir «cambio de habitante en la luna» o puede decir «terremoto con miedo». Otras variaciones pueden ser «cambio de casa», «cambio de habitante» o «terremoto» en:

- **el mar**
- **rabia**
- **cámara rápida**
- **gritos**
- **alegría**
- **China**
- **patines**
- **Alemania**
- **baile**
- **espacio................por ejemplo**

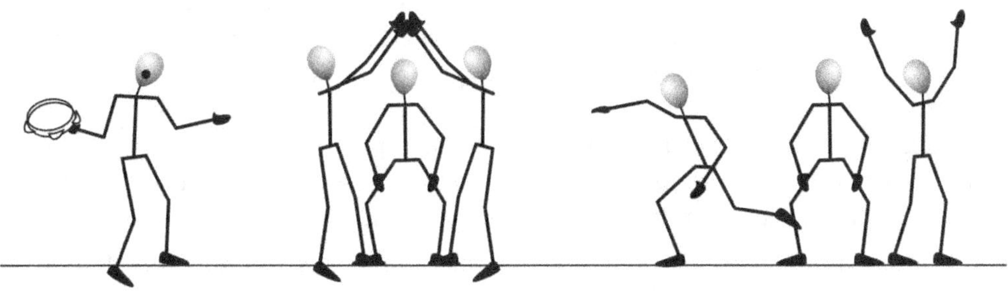

Figura 28

La media naranja: (figura 29) el/la facilitador/a dispone al grupo en círculo y le reparte a cada participante un papel que dice «eres un................ ». Cada integrante lo lee y busca un lugar de la sala para trabajar. Luego se desplaza sala buscando a su media naranja, graficando gestual, corporal y vocalmente el estímulo que le tocó interpretar. El papel puede decir:

- **aguja / hilo**
- **llave / cerradura**
- **escoba / pala**
- **papel / lápiz**
- **billetera / billete**
- **vehículo / rueda**
- **tornillo / tuerca**
- **botón / ojal**
- **vaso / botella**
- **anillo / dedo**
- **tabaco / pipa**
- **plato / cuchara**
- **peineta / pelo**
- **clavo / martillo**
- **fuego / humo**
- **aro / oreja.........por ejemplo**

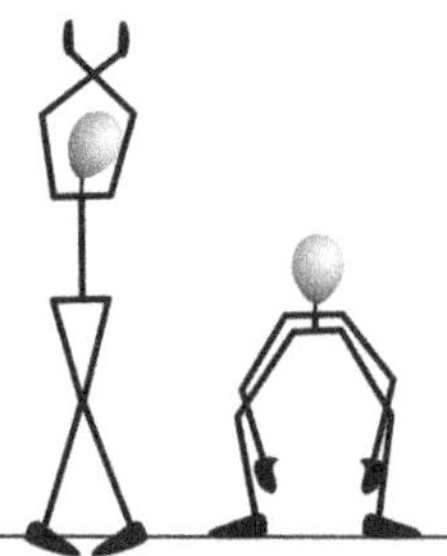

Figura 29

Sensibilización

¿Qué es?: (figura 30) el/la facilitador/a dispone al grupo sentado en círculo. Pone música clásica a un volumen moderado y le entrega, a cada integrante, un pañuelo o un pedazo de tela de 50 por 50 centímetros. Se vendan los ojos. El/la facilitador/a entrega un trozo de fruta a cada participante (manzana, limón, plátano, pera, naranja, uva, durazno, kiwi, etcétera). Pedirá que la conozcan por el olfato, el tacto y finalmente por el gusto. Cada participante saboreará su trozo de fruta y pondrá especial interés en las sensaciones de su cuerpo al probarla. Luego, a la señal del facilitador, traducirá corporalmente el sabor experimentado. Para finalizar el ejercicio se pide a los participantes que se quiten el pañuelo de los ojos.

Figura 30

Creatividad corporal

Traducción de sabores: el/la facilitador/a pedirá al grupo que se disperse en la sala, ocupando todo el espacio. Ayudado por el pandero, le pedirá a los/as participantes que traduzcan corporalmente:

- **lo picante**
- **lo dulce**
- **lo amargo**
- **lo ácido**
- **lo salado**
- **lo agridulce..por ejemplo**

Composición en cadena: (figura 31) el/la facilitador/a pedirá a los/as participantes que formen grupos de un máximo de seis integrantes. Luego dará, en privado, un estímulo a cada grupo, el cual deberá componer en cadena, es decir, seccionando las acciones físicas, el estímulo dado:

- **una persona que almuerza**
- **un carpintero que fabrica una mesa**
- **una empleada que hace aseo**
- **un dentista que atiende a un paciente**
- **un ceramista que moldea un florero**
- **un empleado que coloca un vidrio**
- **un fotógrafo que hace un reportaje**
- **una persona que se levanta.......................por ejemplo**

Figura 31

Creatividad vocal

Respiración: (figura 32) el/la facilitador/a pedirá al grupo que se disperse por la sala, ocupando todo el espacio, y se tienda en el suelo boca arriba. Ayudado por el pandero, pedirá al grupo que:

- **tome aire o inspire**
- **levante levemente las cejas y los pómulos sin tensión**
- **abra las aletas de la nariz**
- **mantenga las manos en la zona de la boca del estómago para comprobar que la zona baja de los pulmones se hincha**
- **retenga el aire por un tiempo determinado (de tres segundos en adelante)**
- **suelte el aire o espire por la nariz o por la boca**
- **compruebe que las manos se hunden con la zona de la boca del estómago hasta quedar sin aire.**

Para ejercitar la técnica de la respiración diafragmática, se pueden realizar las siguientes combinaciones:

a) **inspiración lenta / retención / espiración lenta / retención sin aire**

b) **inspiración lenta / espiración rápida / retención sin aire**

c) **inspiración lenta / retención / espiración en tres golpes / retención sin aire**

d) **inspiración rápida / espiración rápida / retención sin aire**

e) **inspiración rápida / retención / espiración lenta / retención sin aire**

f) **inspiración rápida / espiración en tres golpes / retención sin aire**

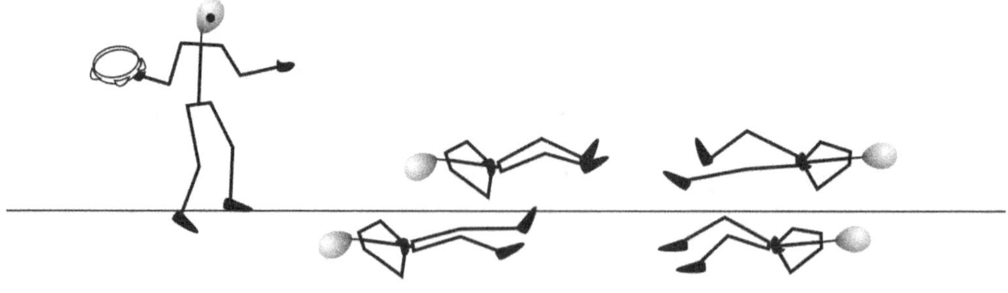

Figura 32

¿Cómo lo digo?: el/la facilitador/a se sienta con el grupo en círculo. Propone un trabajo de voz a partir de un refrán conocido y fácil de memorizar, buscando acentuar entonaciones y matices claramente diferentes. En forma individual y/o grupal los participantes repetirán el refrán:

- **jadeando**
- **susurrando**
- **disgustados**
- **con voz de ultratumba**
- **asustados**
- **tristes**
- **como declaración de amor**
- **tosiendo**
- **muy rápido**
- **exaltados.................por ejemplo**

Expresión (juego dramático)

La feria: (figura 33) el/la facilitador/a dispondrá al grupo en círculo para organizar el ejercicio. Les comunicará el título del juego para extraer el material lúdico y seleccionar en conjunto el proyecto oral que los motivará. Es importante acotar que se está buscando la expresión del estudiante y no una representación teatral. No se requiere de un conflicto dramático central, simplemente se busca que los participantes se expresen corporal y vocalmente. Las acciones y diálogos serán improvisados y estimulados por el/la facilitador/a. Solo se requiere de un espacio relativamente despejado para jugar. El grupo deberá recrear la feria con la infraestructura de la sala, ya que la idea es no utilizar más recursos de los que existen en el aula. El/la facilitador/a pedirá a los integrantes que auto-designen sus roles, aclarando que en la feria deberán interactuar:

- **feriantes**
- **clientes**
- **carabineros**
- **ladrones**
- **niños**
- **ayudantes**
- **aseadores**
- **basureros..............por ejemplo**

Figura 33

Valoración

Todos/as comentarán la experiencia.

SED NÚMERO 9 (ETAPA III)

Preliminares

La danza del cuerpo: (figura 34) el/la facilitador/a organizará al grupo en círculo y se apoyará con un instrumento de percusión. Dirá cantando y bailando: «Esta es una danza que se baila así», el grupo repetirá. Dirá al mismo tiempo que mueve solo su cabeza: «Esta es una danza que se baila así: cabeza, cabeza, cabeza, cabeza», el grupo repetirá. Dirá al mismo tiempo que mueve solo sus hombros: «Esta es una danza que se baila así: hombros, hombros, hombros, hombros, hombros», el grupo repetirá. Dirá al mismo tiempo que mueve solo su tronco: «Esta es una danza que se baila así: tronco, tronco, tronco, tronco, tronco», el grupo repetirá. Y así sucesivamente con brazos, manos, cadera, rodilla, pie, para finalizar con el cuerpo entero.

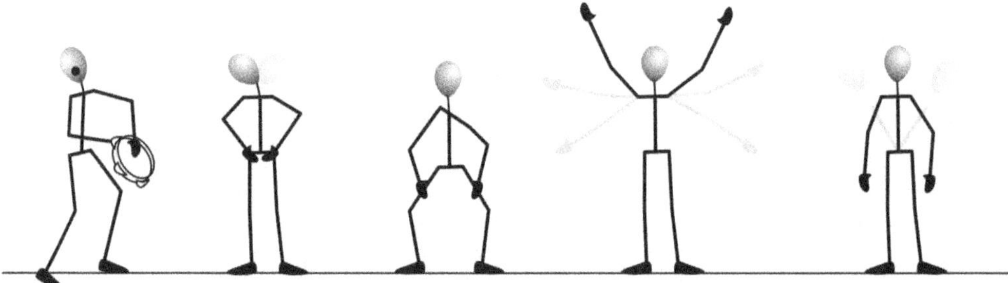

Figura 34

Seguir al líder: (figura 35) el/la facilitador/a organizará al grupo en círculo. Todos seguirán los movimientos de un miembro del grupo, imitándole. Los dos o tres primeros movimientos o acciones serán propuestos por el/la facilitador/a. Luego, apoyado por el pandero, designará libremente y sin previo aviso a un estudiante para que lidere el grupo por 30 a 60 segundos. Es importante que el ejercicio sea rápido para que a cada integrante le toque ser líder, al menos una vez.

Figura 35

Sensibilización

¿Quién se va?: el/la facilitador/a dispone al grupo en círculo y pide a un voluntario que salga de la sala. Luego el grupo selecciona a otro integrante y observa detenidamente las características de su ropa y accesorios, es favorable evitar particularidades propias del aspecto físico y/o de la personalidad:

- **la forma de los zapatos**
- **el color de los calcetines**
- **el tipo de aros**
- **el material de un anillo**
- **el largo del pelo**
- **la tela del vestido**
- **el diseño de la camisa**
- **el corte de los pantalones.....................por ejemplo**

El/la facilitador/a pide al voluntario que entre a la sala. Cuándo pregunta ¿quién se va?, el grupo describe al compañero seleccionado. El voluntario debe descubrir de quién están hablando. Si acierta, entra al círculo y sale el integrante que fue descubierto. Si falla, vuelve a salir de la sala.

Creatividad corporal

Los imanes: (figura 36) el/la facilitador/a le pedirá al grupo que formen parejas (A y B), colocándose frente a frente. A pondrá la palma de su mano derecha en la frente de B a una distancia cercana pero sin tocar el rostro y realizará movimientos que B seguirá, cuidando de no alejar su frente de la palma de la mano de A. Luego de 3 a 5 minutos de trabajo B será líder de A. Todas las parejas trabajarán en forma simultánea.

Figura 36

La fiesta: (figura 37) el/la facilitador/a le pedirá al grupo que se disperse libremente por la sala. Ayudado por un pandero, para marcar los cambios de estímulo, propondrá que el grupo represente una fiesta:

- **de despedida**
- **de hippies**
- **de cumpleaños**
- **de niños**
- **de año nuevo**
- **de discapacitados**
- **de matrimonio**
- **de extraterrestres**
- **de graduación**
- **de ancianos**
- **de rockeros...................por ejemplo**

Figura 37

Creatividad vocal

Las muecas: el/la facilitador/a se sienta con el grupo en círculo. Les pide que:

- **Realicen movimientos laterales con su mandíbula inferior, durante 30 segundos.**
- **Sonrían sin abrir la boca y vuelvan a la posición normal, reiterando el movimiento durante 30 segundos.**
- **Dispongan sus labios como para besar a alguien y vuelvan a la posición normal, reiterando el movimiento durante un minuto.**
- **Hagan muecas que utilicen el máximo de movimientos faciales.**

El cumpleaños feliz: el/la facilitador/a dispone al grupo sentado en círculo. Pedirá que durante el ejercicio recuerden que la inspiración infla el abdomen y que la espiración lo desinfla. Explica que van a cantar cumpleaños feliz de diferentes formas para comunicar mensajes distintos:

- **con alegría**
- **con rabia**
- **con dolor de estómago**
- **con sueño**
- **con miedo**
- **con pena**
- **con asco......................por ejemplo**

Expresión (juego dramático)

Reunión social: (figura 38) el/la facilitador/a dispondrá al grupo en círculo para organizar el ejercicio. Les comunicará el título del juego para extraer el material lúdico y seleccionar en conjunto el proyecto oral que los motivará. Es importante acotar que se está buscando la expresión del estudiante y no una representación teatral. No se requiere de un conflicto dramático central, simplemente se busca que los participantes se expresen corporal y vocalmente. Las acciones y diálogos serán improvisados y estimulados por el/la facilitador/a. Solo se requiere de un espacio relativamente despejado para jugar. El grupo deberá recrear la fiesta con la infraestructura de la sala, ya que la idea es no utilizar más recursos de los que existen en el aula.

El/la facilitador/a pedirá a los integrantes que auto-designen sus roles. Finalmente, todos comentarán la experiencia. En la fiesta pueden interactuar uno o más:

- **secretarios**
- **doctores**
- **cocineros**
- **profesores**
- **peluqueros**
- **cantantes**
- **pintores**
- **ingenieros**
- **bailarines**
- **animadores**
- **modelos**
- **guardias de seguridad..........por ejemplo**

Figura 38

Valoración

Todos/as comentarán la experiencia.

SED NÚMERO 10 (ETAPA III)

Preliminares

Saltos y tiritones: (figura 39) el/la facilitador/a organizará al grupo en un círculo. Bajo sus instrucciones combinará saltos, extensiones, contracciones y tiritones en distintos tiempos, logrando un esquema corporal simple:

- **4 saltos, 1 contracción, 3 extensiones, 2 tiritones**
- **1 contracción, 2 extensiones, 3 tiritones, 4 saltos**
- **4 tiritones, 1 contracción, 4 saltos, 1 contracción, 4 extensiones**
- **5 saltos, 5 contracciones, 5 extensiones, 5 tiritones**
- **2 tiritones, 3 extensiones, 3 saltos, 2 contracciones........por ejemplo**

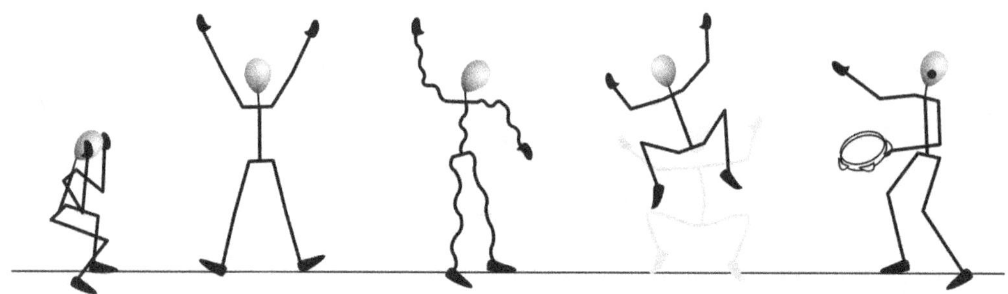

Figura 39

Semejanzas: (figura 40) el/la facilitador/a le pedirá al grupo que se disperse por la sala y que siga sus instrucciones. Deben caminar al ritmo del pandero y detenerse cuando deje de sonar. En este intervalo pedirá encontrar la semejanza requerida con uno, dos o más integrantes del grupo. Mientras se buscan el pandero volverá a sonar. El pandero se silencia, viene una nueva instrucción y luego vuelve a sonar. Así sucesivamente. Es importante que las semejanzas apunten a diferentes aspectos para que los grupos varíen y el ejercicio sea ágil. Exige comunicación corporal y vocal entre los participantes. Que se junten los que:

- nacieron en el mes de abril
- tienen el pelo liso
- prefieren los tallarines
- los que ven televisión
- tienen padres separados
- se sienten bien
- les gusta la computación
- aman el cine
- detestan las matemáticas
- conocen el mar
- tienen malas notas
- tienen teléfono celular
- tienen zapatos con cordones
- quieren bailar..............por ejemplo

Figura 40

Sensibilización

Ojos que no ven: (figura 41) el/la facilitador/a dispondrá al grupo en círculo con las manos tomadas. Un voluntario se colocará al centro.

El/la facilitador/a le vendará los ojos. A la señal del pandero, la rueda girará hasta que el voluntario toque a algún compañero. En ese momento la rueda detendrá su marcha. El voluntario deberá dar el nombre del elegido. Para reconocerlo tendrá que usar el sentido del tacto. Si acierta, entra al círculo y es reemplazado por el reconocido. Si falla, sigue al centro.

Figura 41

Creatividad corporal

Figuras acrobáticas: (figura 42) el/la facilitador/a le pedirá al grupo que se distribuya en parejas para trabajar en forma simultánea. Cada pareja tendrá que componer, alternadamente, dos figuras en donde un integrante sostenga, de alguna manera, al otro. Una vez realizada la figura, la pareja debe poder mantenerse quieta por un lapso de tiempo sin perder el equilibrio. Luego el/la facilitador/a pedirá figuras acrobáticas en grupos de tres, de cuatro, de cinco, de seis.

Figura 42

Esculturas grupales: (figura 43) el/la facilitador/a pedirá a cada grupo de seis integrantes que realice tres esculturas grupales. Lo importante es que cada escultura grupal comunique una idea particular. Cada integrante creará una actitud corporal diferente que unirá a la de sus compañeros motivados por la necesidad de comunicar una idea común. El contenido de las esculturas puede ser concreto (realista) o abstracto (no-realista).

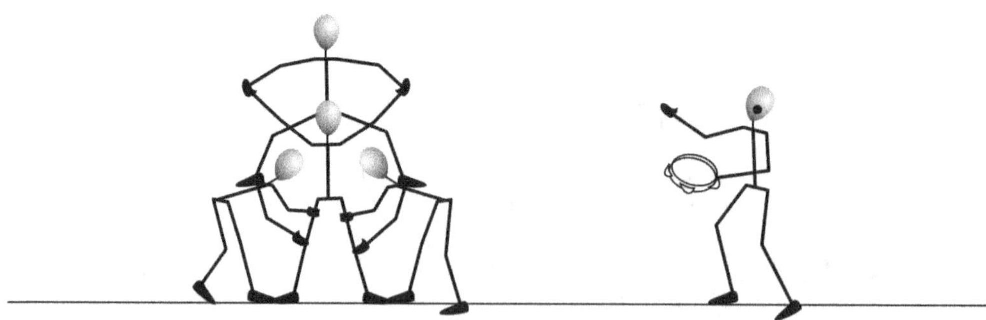

Figura 43

Creatividad vocal

Sin picarse: el/la facilitador/a pedirá a los integrantes que se sienten en círculo y que propongan frases típicas del grupo. Les explicará que cada señal corporal determinará la forma en que se repetirá la frase seleccionada:

ACCIÓN-FACILITADOR/A	**ACCIÓN-GRUPO**
• se toca la cabeza	• **grita la frase**
• se toca la nariz	• **habla normal la frase**
• se toca la boca	• **susurra la frase**
• se toca el pecho	• **murmura la frase..............por ejemplo**

Luego el/la facilitador/a jugará con las diferentes opciones, buscando que la respuesta del grupo sea cada vez más concentrada. Es importante incorporar un número de variables que el grupo sea capaz de retener. Luego pedirá que durante el ejercicio recuerden que la inspiración infla el abdomen y que la espiración lo desinfla. Posteriormente dividirá al grupo en dos y establecerá una relación de competencia entre ambos. Su mano izquierda dirigirá a un grupo y la derecha al otro, de modo que ambos grupos estarán recibiendo señales y utilizando intensidades.

Sonorización de consonantes oclusivas (P-B-T-D-K-Q-C-G): el/la facilitador/a se sentará con el grupo en círculo. Les pedirá que durante el ejercicio recuerden que la inspiración infla el abdomen y que la espiración lo desinfla. Luego propondrá fonemas con consonantes oclusivas que el grupo repetirá individual y/o colectivamente, según lo disponga el/la facilitador/a. El guion marcará la pausa necesaria para ejercitar la consonante oclusiva en forma independiente de la vocal que la acompaña.

A-P-A	A-D-A	PA-TA	PA-GA	PA-PA
A-PA	A-DA	TAPA	CAPA	CATA
A-B-A	A-K-A	CA-BO	DA-DO	GA-TO
A-BA	A-KA	DOTE	GOTA	PODO
A-T-A	A-G-A	DI-GA	PI-CA	KI-KA
A-TA	A-GA	QUITE	QUEDA	BUQUE.........**por ejemplo**

Expresión (juego dramático)

El estadio: (figura 44) el/la facilitador/a dispondrá al grupo en círculo para organizar el ejercicio. Les comunicará el título del juego para extraer el material lúdico y seleccionar en conjunto el proyecto oral que los motivará. Es importante acotar que se está buscando la expresión del estudiante y no una representación teatral.

No se requiere de un conflicto dramático central, simplemente se busca que los participantes se expresen corporal y vocalmente. Las acciones y diálogos serán improvisados y estimulados por el/la facilitador/a. Solo se requiere de un espacio relativamente despejado para jugar. El grupo deberá recrear el estadio con la infraestructura de la sala, ya que la idea es no utilizar más recursos de los que existen en el aula.

El/la facilitador/a pedirá a los integrantes que auto-designen sus roles, aclarando que en el estadio deberán interactuar:

- **el árbitro**
- **el equipo B**
- **la barra B**
- **los médicos**
- **los vendedores**
- **los fotógrafos**
- **el equipo A**
- **la barra A**
- **los entrenadores**
- **los camilleros**
- **los periodistas**
- **los carabineros..............por ejemplo**

Figura 44

Valoración

Todos/as comentarán la experiencia.

SED NÚMERO 11 (ETAPA III)

Preliminares

El que pestañea pierde: (figura 45) el/la facilitador/a pedirá al grupo que se distribuya en dos círculos, uno interior y otro exterior. Ambos círculos deben desplazarse caminando o bailando, en dirección opuesta, al ritmo del pandero o de un tema musical de moda, y detenerse cuando se deje de escuchar el estímulo sonoro.

En el intervalo, el/la facilitador/a tocará su silbato y los participantes correrán uno hacia otro, tomándose de la mano y agachándose. La pareja que se agache en último término será la perdedora y tendrá que salir del juego. Luego recomenzará el estímulo musical y proseguirá el ejercicio.

Figura 45

Tugar, tugar salir a bailar: (figura 46) el/la facilitador/a le pedirá al grupo que se disperse por la sala y que cierre sus ojos. Luego colocará una grabación con un mínimo de diez temas musicales. Cada ritmo será diferente al anterior y tendrá 60 segundos de duración. El grupo deberá seguir los ritmos en forma lo más libre y desinhibida posible.

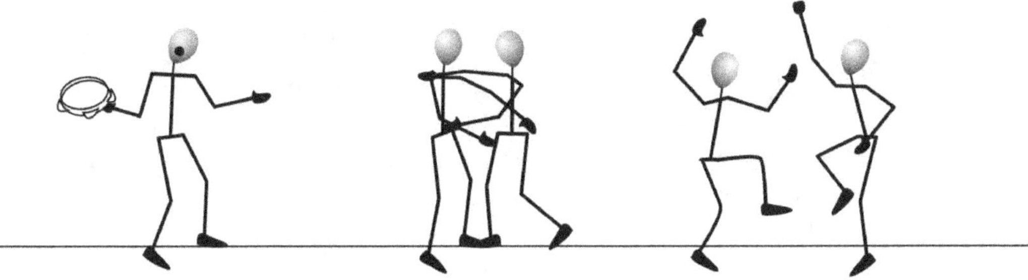

Figura 46

Sensibilización

Musicalizando emociones y colores: el/la facilitador/a le pedirá al grupo que se disperse por la sala y se tienda boca arriba. Luego propondrá musicalizar, a nivel individual y grupal, diferentes estímulos:

- el amor
- el negro
- la ira
- el azul
- la alegría
- el verde
- el rojo
- la tristeza
- el odio
- el amarillo
- la pasión
- el blanco
- el miedo..................por ejemplo

Creatividad corporal

El país de .... : (figura 47) el/la facilitador/a pedirá al grupo que se disperse libremente por la sala. Luego, apoyado por su pandero, propondrá viajar al país de los:

- atrasados
- tristes
- borrachos
- reprimidos
- contentos
- relajados
- mal genio
- ancianos
- profesores
- enfermos
- volados
- fanáticos
- tímidos
- cantantes
- vanidosos
- no videntes................por ejemplo

Figura 47

El boicot: (figura 48) el/la facilitador/a dispone al grupo en semicírculo, se coloca al frente y explica que habrá que memorizar las siguientes reglas:

FACILITADOR/A	**ACCIÓN GRUPO**
• STOP	• **Paralización general de sonido y movimiento**
• PELIGRO	• **Refugiarse en el compañero más próximo**
• UAAAHH	• **Separarse y pegarse a las paredes de la sala**
• CONTACTO	• **Buscar un punto de contacto con el compañero más próximo**

Luego que el grupo haya memorizado las reglas, el/la facilitador/a, ayudado por su pandero, varía el orden libremente. El grupo tiene que esforzarse por recordar y no equivocarse.

Figura 48

Creatividad vocal

Trabalenguas: el/la facilitador/a se sentará con el grupo en círculo. En un pliego de papel escrito con letras visibles, propondrá leer trabalenguas en voz alta y atendiendo especialmente a la articulación. Les pedirá que durante el ejercicio recuerden que la inspiración infla el abdomen y que la espiración lo desinfla. El ejercicio se puede realizar individual y/o colectivamente.

Pe-dro-Pa-blo-Pé-rez-Pe-rei-ra-po-bre-pin-tor-por-tu-gués-pin-ta
-pai-sa-jes-por-po-ca-pla-ta-pa-ra-po-der-pa-sear-por-Pa-rís

Tres-tristes-tigres-trigo-tragaban-en-un-trigal

En el campo hay una cabra
Ética
perlética
palapelambrética
Tiene los hijitos
éticos
perléticos
palapelambréticos
peludos
palapelambúos..........por ejemplo

Sonorización de consonantes fricativas (F-C-S-Z-J): el/la facilitador/a se sentará con el grupo en círculo. Les pedirá que durante el ejercicio recuerden que la inspiración infla el abdomen y que la espiración lo desinfla. Luego propondrá fonemas con consonantes fricativas que el grupo repetirá individual y/o colectivamente, según lo disponga el/la facilitador/a. El guion marcará la pausa necesaria para ejercitar la consonante fricativa en forma independiente de la vocal que la acompaña.

A-F-A	A-C-A	ZA-FA	FA-JA	CA-SA
A-FA	A-CA	SACO	COSO	CESO
A-S-A	A-Z-A	SE-SO	FO-FA	SU-FI
A-SA	A-ZA	ZOZE	JOJA	COCO
A-J-A	A-F-A	FI-JA	FI-JO	FI-JU
A-JA	A-FA..por ejemplo			

Expresión (improvisación)

El festival de rock/hip-hop/tecno: (figura 49) el/la facilitador/a le pide a los participantes que se dividan en grupos de cinco a siete integrantes. Explica que crearán un festival de grupos de rock/hip-hop/tecno que competirán por el premio «Revelación del Año». Aclarando que lo importante es desarrollar la capacidad de improvisación, el/la facilitador/a dará diez a quince minutos para preparar el ejercicio.

Luego cada grupo mostrará su improvisación mientras los demás participantes observan.

Figura 49

Valoración

Todos/as comentarán la experiencia.

SED NÚMERO 12 (ETAPA III)

Preliminares

Tocar a ... : (figura 50) el/la facilitador/a le pedirá al grupo que se disperse por la sala y que siga sus instrucciones. Deben caminar al ritmo del pandero y detenerse cuando deje de sonar. En el intervalo dará una instrucción que el grupo realizará; luego, estimulado por el pandero, el grupo retomará la caminata hasta la nueva instrucción. Dirá tocar:

- **a una persona con la nariz**
- **a dos personas con la mano derecha**
- **a tres personas con el pie izquierdo**
- **a cuatro personas con la rodilla derecha**
- **a cinco personas con la cabeza**
- **a seis personas con las caderas**
- **a siete personas con la oreja izquierda**
- **a ocho personas con el hombro derecho..........por ejemplo**

Figura 50

Los siameses: (figura 51) el/la facilitador/a le pedirá al grupo que forme parejas. Estas trabajarán en forma simultánea. Y al sonar del pandero las parejas se desplazarán por la sala unidas por:

- **la espalda**
- **la cabeza**
- **los glúteos**
- **el hombro derecho**
- **a muñeca izquierda**
- **la mejilla derecha**
- **la mano izquierda**
- **el pie izquierdo**
- **el muslo derecho**
- **la frente.....................por ejemplo**

Figura 51

Sensibilización

Se busca: (figura 52) el/la facilitador/a dispone al grupo en círculo y le entrega, a cada integrante, un pañuelo o un pedazo de tela de 50 por 50 centímetros. Se vendan los ojos. Les pedirá que busquen una pareja y que se toquen el rostro y las manos, percibiendo con el tacto y el olfato cualquier detalle significativo (el olor, algún accesorio, la forma de las uñas, etcétera). Luego, el/la facilitador/a pide al grupo que camine y se disperse por la sala haciendo el máximo de sonidos, de manera que no se produzcan choques entre los participantes. Después de unos veinte segundos pedirá suprimir el sonido y caminar lo más silenciosamente posible.

En silencio, cada integrante buscará a su pareja hasta encontrarla. Luego el/la facilitador/a pedirá buscar a alguien con:

- **el pelo tan largo como tú**
- **las manos como las tuyas**
- **el pelo tan corto como tú**
- **los brazos tan largos como los tuyos**
- **el mismo color de ojos**
- **el pelo crespo como tú**
- **el pelo liso como tú**
- **de la misma altura que tú**
- **el mismo número de zapatos**

.............................por ejemplo

Para finalizar el ejercicio, el/la facilitador/a le pide a los participantes que se quiten el pañuelo de los ojos y comenten la experiencia.

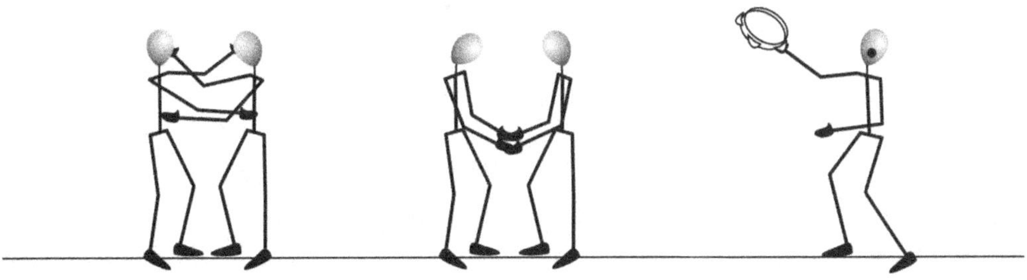

Figura 52

Creatividad corporal

Las fotos: (figura 53) el/la facilitador/a les pide a los participantes que se dividan en grupos de cinco a siete integrantes. Explica que cada grupo deberá crear, solo con su cuerpo, una secuencia de mínimo diez fotos que, al sumarse, narrarán una anécdota o situación reconocible. La secuencia deberá tener presentación, conflicto y desenlace. Luego dará de cinco a diez minutos para preparar el ejercicio.

Después cada grupo mostrará sus fotos, mientras los demás participantes observan. Finalmente todos comentarán los ejercicios orientados por el/la facilitador/a.

Figura 53

Gente mecánica: (figura 54) el/la facilitador/a le pedirá al grupo que camine y se disperse por la sala haciendo sonidos. Apoyado por el pandero y/o por una música apropiada, le pedirá a cada integrante que se convierta en una figura mecánica, sumando segmentos corporales (cabeza, cuello, cara, hombros, tórax, brazos, manos, tronco, caderas, piernas, pies). Luego le pedirá a cada integrante que realice una secuencia de movimientos repetitivos. Cuando tenga su secuencia fija, puede sumarse a la secuencia de otro compañero. Se busca que el grupo completo se transforme en gente mecánica. El/la facilitador/a puede variar el ritmo y la intensidad del movimiento y sonido de esta máquina colectiva.

Figura 54

Creatividad vocal

Atmósferas sonoras: el/la facilitador/a se sentará con el grupo en círculo. Les pedirá que durante el ejercicio recuerden que la inspiración infla el abdomen y que la espiración lo desinfla. Luego propondrá realizar una creación grupal de la atmósfera sonora de un lugar:

- **la ciudad**
- **la selva**
- **un terminal de buses**
- **un recreo**
- **una fiesta**
- **el mar**
- **un aeropuerto**
- **una feria.........por ejemplo**

Sonorización de consonantes africadas (CH-LL-Y): el/la facilitador/a se sentará con el grupo en círculo. Les pedirá que durante el ejercicio recuerden que la inspiración infla el abdomen y que la espiración lo desinfla. Luego propondrá fonemas con consonantes africadas, que el grupo repetirá individual y/o colectivamente, según lo disponga el/la facilitador/a. El guion marcará la pausa necesaria para ejercitar la consonante africada en forma independiente de la vocal que la acompaña.

A-CH-A	A-LL-A	YA-YO	CHE-CHI	LLA-LLA
A-CHA	A-LLA	YAYO	CHECHI	LLALLA
A-Y-A	ACH-A	YU-YO	CHE-CHA	LLI-LLU
A-YA	A-CH	YA-CHE	CHI-CHO	CHU-LLO......por ejemplo

Expresión (improvisación)

Lugares: (figura 55) el/la facilitador/a pedirá que se formen grupos de cinco a siete integrantes. A cada grupo le propondrá un lugar determinado y le dará entre diez y quince minutos para preparar su ejercicio. Luego, los grupos mostrarán su improvisación mientras los demás participantes observan. Finalmente, todos comentarán la experiencia, orientados por los contenidos expuestos por el/la facilitador/a. Los lugares pueden ser:

- **el desierto**
- **la orilla de un río**
- **un terminal de buses**
- **un ascensor**
- **la playa**
- **un paradero**
- **un supermercado**
- **un hospital**
- **un túnel**
- **una micro**
- **el metro**
- **un centro de llamados**
- **una piscina**
- **un cine**
- **un baño público**
- **un restaurante**
- **una plaza**
- **una escuela / colegio / liceo**

..................................por ejemplo

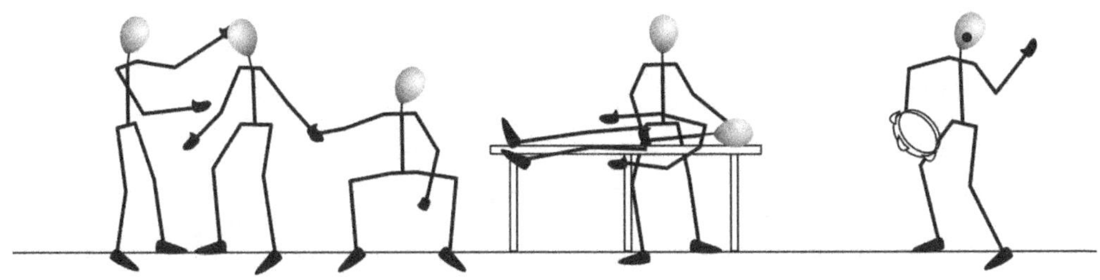

Figura 55

Valoración

Todos/as comentarán la experiencia.

SED NÚMERO 13 (ETAPA IV)

Preliminares

El tren loco: (figura 56) el/la facilitador/a les pide a los/as participantes que formen grupos de diez integrantes. Se colocan en fila. Cada tren tendrá una cabeza de fila que puede ir variando a la orden del facilitador. El tren iniciará su travesía al toque de silbato y algunos de sus desplazamientos pueden ser:

- **en punta de pies**
- **apoyados en la cara externa del pie**
- **apoyados en la cara interna del pie**
- **en cuatro patas**
- **jorobado**
- **de lado**
- **en espiral**
- **reproduciendo sonidos**
- **triste**
- **rápido**
- **entre agua**
- **sobre barro**
- **por un túnel**
- **apoyados en los talones**
- **con un pie**
- **saltando**
- **en cuclillas**
- **en zigzag**
- **hacia atrás**
- **cantando**
- **creando sonidos**
- **alegre**
- **lento**
- **sobre arena**
- **con lluvia**
- **subiendo cuestas**

..........................por ejemplo

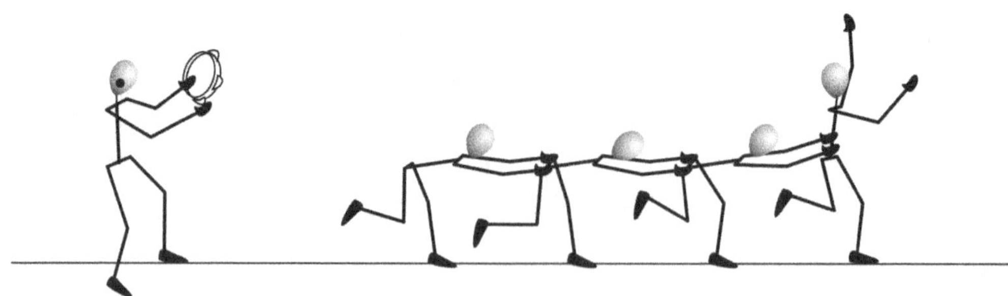

Figura 56

Muévete del lugar: (figura 57) el/la facilitador/a dividirá a los participantes en tres grupos y los designará A, B y C. Luego les pedirá que se dispersen en el espacio, se detengan y ubiquen un punto cualquiera de la sala, distante al menos dos metros del lugar donde cada uno está detenido. Apoyado por el pandero y/o un silbato, le pedirá a cada integrante que se desplace al lugar elegido en línea recta, sin detenerse ni chocar con los demás. El/la facilitador/a pedirá desplazamientos en forma diferida, alternando instrucciones, arbitrariamente, para el grupo A, B y C.

Puede demandar moverse del lugar al punto prefijado:

- **de espaldas**
- **con pasos gigantes**
- **de rodillas**
- **a saltos**
- **conducido por la cabeza**
- **conducido por la pelvis**
- **con tristeza**
- **con frío**
- **con pasos diminutos**
- **realizando círculos**
- **sentado**
- **girando**
- **conducido por el tórax**
- **con miedo**
- **con vergüenza**
- **con calor..por ejemplo**

Figura 57

Sensibilización

Aromas y sabores: (figura 58) el/la facilitador/a dispone al grupo sentado en círculo. Pone música clásica a un volumen moderado y le entrega a cada integrante un pañuelo o un pedazo de tela de 50 por 50 centímetros, y les pide que se venden los ojos. El/la facilitador/a tiene preparados vasos plásticos con un máximo de diez contenidos diferentes. Es importante que los participantes no sepan qué contienen los vasos y que tengan sus manos limpias. El/la facilitador/a recorrerá el círculo con los diferentes vasos, pidiéndole a cada integrante que lleve su dedo índice a la boca, luego lo introduzca en el vaso, recoja el contenido y lo saboree, dejando que su expresividad reaccione libremente. Los participantes olerán y gustarán los sabores poniendo especial interés en las sensaciones de su cuerpo al probarlos.

Pueden emitir sonidos y/o hacer comentarios gestuales, siempre y cuando no nombren lo que están probando. Una vez que todo el grupo ha degustado todos los contenidos, el/la facilitador/a le pedirá a los participantes que se quiten el pañuelo de los ojos y comenten la experiencia. Los vasos pueden contener:

- **azúcar**
- **sal**
- **chocolate dulce en polvo**
- **ají en polvo**
- **leche en polvo**
- **pimienta molida**
- **chocolate amargo en polvo**
- **gelatina en polvo**
- **jugo en polvo**
- **café..por ejemplo**

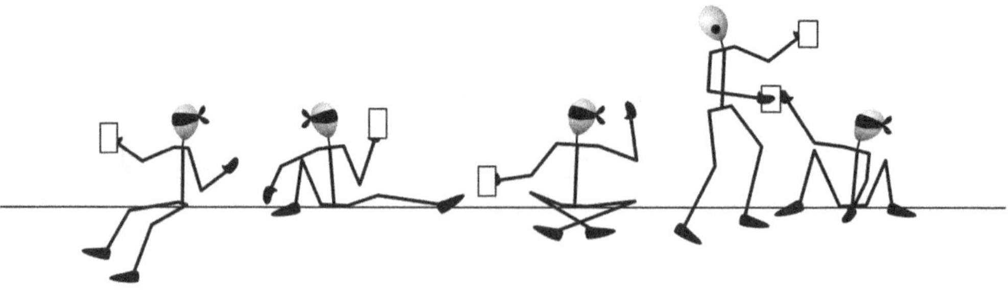

Figura 58

Creatividad corporal

Cara de: el/la facilitador/a se sentará con el grupo en círculo. Pedirá a los/as participantes, que hagan pequeños círculos en la cara con la punta de los dedos índices, comenzando por el cuello hasta la frente y que reconozcan por el tacto las partes duras, blandas, suaves, ásperas, peludas, etcétera, de la propia cara, y luego:

- mover la lengua en todas las direcciones
- extender y contraer la cara al máximo
- soltar los músculos de la boca, resoplando como si fueran caballos
- mover el lado izquierdo del labio superior
- mover el lado izquierdo del labio inferior
- mover el lado derecho del labio superior
- mover el lado derecho del labio inferior
- mover ambos labios en diferentes direcciones
- estirar ambos labios hacia adelante
- arquear ambos labios hacia arriba
- arquear ambos labios hacia abajo
- arquear la ceja derecha
- arquear la ceja izquierda
- arquear ambas cejas
- fruncir las cejas
- arrugar la frente
- abrir los ojos
- cerrar los ojos
- fruncir los ojos
- mover el ojo izquierdo
- mover el ojo derecho
- poner cara de calma
- poner cara de asombro
- poner cara de risa
- poner cara de pena
- poner cara de enojo
- poner cara de terror
- poner cara de sueño
- poner cara de indiferencia
- poner cara de maldad
- poner cara de asco
- poner cara de enfermo
- poner cara de reflexión

..............................por ejemplo

La silla: (figura 59) el/la facilitador/a le pedirá a cada participante que tome una silla. Si no hay suficientes, el ejercicio se puede realizar en grupos de diez personas. El/la facilitador/a explica que utilizarán la silla como objeto-real, buscando un mínimo de cinco formas de usarla, en forma fija y/o móvil. Luego, utilizarán la silla como objeto-transformación, buscando un mínimo de cinco formas de usarla como si no fuera silla, en forma fija y/o móvil. Como objeto-real pueden:

- **sentarse correctamente**
- **sentarse con el respaldo hacia adelante**
- **encuclillarse arriba**
- **sentarse en el suelo apoyando la cabeza y los brazos en la silla**
- **pararse en la silla**
- **apoyarse en el respaldo**
- **hincarse...por ejemplo**

Como objeto-transformación pueden usarla como:

- **carro de supermercado**
- **coche de bebé**
- **techo**
- **carga**
- **computador**
- **silla de ruedas**
- **refugio**
- **reclinatorio**
- **escritorio**
- **caballo**
- **aspiradora**
- **auto................por ejemplo**

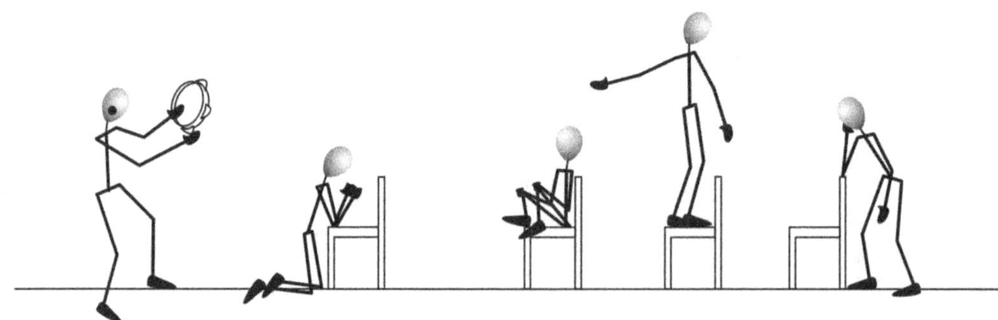

Figura 59

Creatividad vocal

Grafofonías: el/la facilitador/a se sentará con el grupo en círculo. Les pedirá que durante el ejercicio recuerden que la inspiración infla el abdomen y que la espiración lo desinfla. En un pliego de papel escrito con letras visibles, propondrá leer grafofonías en voz alta. En forma individual y/o colectiva el/la facilitador/a puede pedir:

- **interpretación libre: varias lecturas**
- **interpretación gráfica: a mayor tamaño de la letra, mayor intensidad vocal; letras en negrita y subrayadas, mayor intensidad vocal**
- **interpretación por contraste: a mayor contraste de la letra, menor intensidad vocal y viceversa**
- **interpretación por timbre: cada tamaño de letra tiene un timbre distinto**
- **interpretación por resonador (de cabeza, nasal, de pecho): cada contraste de letra tiene un resonador diferente ....por ejemplo**

GUERRA GUERRA Y PAZ

gggggue

y y

paz ppppa

guerra Y paz GUE y P

maría maría mar mar aría

aría aría ar ar ar ar **ría ría ría**

amaría amaría amaría AMAR AMAR AMAR

mar mar mar a amar a maría

amar el mar *amar a la mar* AMAR A LA MARÍA

RIA EL MAR ría el mar **RIA ría la maría**......... por ejemplo

Sonorización de consonantes nasales, laterales y vibrantes (N-Ñ-L-R-RR): El/la facilitador/a se sentará con el grupo en círculo. Les pedirá que durante el ejercicio recuerden que la inspiración infla el abdomen y que la espiración lo desinfla. Luego propondrá fonemas con consonantes nasales, laterales y vibrantes que el grupo repetirá individual y/o colectivamente, según lo disponga el/la facilitador/a. El guion marcará la pausa necesaria para ejercitar la consonante nasal, lateral y vibrante en forma independiente de la vocal que la acompaña.

A-N-A	A-Ñ-A	NA-NA	ÑA-ÑA	LA-LA
A-NA	A-ÑA	NANO	ÑOÑO	LELO
A-L-A	A-R-A	RE-RO	NO-NA	RU-RI
A-LA	A-RA	RRORRE	NOÑA	RRORRO
A-R-A	A-N-A	LI-LA	LILO	LE-LU
A-RRA	A-NA ....por ejemplo			

Expresión (improvisación y dramatización)

Objetivo / obstáculo: el/la facilitador/a pedirá al grupo que forme parejas. A cada pareja le propondrá dos personajes determinados (A y B). A tendrá un objetivo específico y B será el obstáculo que le impedirá lograr dicho objetivo, generando un conflicto dramático entre protagonista y antagonista. Luego el/la facilitador/a dará entre diez y quince minutos para preparar el ejercicio. Por turno, las parejas mostrarán su dramatización mientras el grupo observa. Finalmente, todos comentarán la experiencia, orientados por los contenidos expuestos por el/la facilitador/a. Las parejas de personajes pueden ser:

- **mozo / cliente**
- **carabinero / conductor**
- **policía / ladrón**
- **tío / sobrino**
- **chofer / pasajero**
- **dueña de casa / empleada doméstica**
- **abuelo / nieto**
- **jefe / secretaria**
- **vendedor / comprador**
- **madre / hija**
- **doctor / paciente**
- **peluquero / cliente**
- **cocinero / ayudante**
- **padre / hijo**
- **profesor / estudiante**
- **director/ actriz**

..................por ejemplo

El material de este ejercicio puede tener una segunda parte en donde el/la facilitador/a pedirá a los participantes que formen grupos de cuatro integrantes y construyan, sobre la base de los personajes ya presentados, un nuevo conflicto en donde ahora estén todos involucrados. Luego dará entre diez y quince minutos para preparar el ejercicio. Los grupos mostrarán su improvisación mientras los demás participantes observan. Finalmente, todos comentarán la experiencia, orientados por los contenidos expuestos por el/la facilitador/a. Los cuartetos de personajes pueden ser:

- **mozo / cliente / profesor / estudiante**
- **policía / ladrón / vendedor / comprador**
- **abuelo / nieto / jefe / secretaria**
- **dueña de casa / empleada doméstica / tío / sobrino**
- **madre / hija / padre / hijo**
- **doctor / paciente / carabinero / conductor**
- **peluquero / cliente / chofer / pasajero**
- **cocinero / ayudante / actor / director..............por ejemplo**

Valoración

Todos/as comentarán la experiencia.

SED NÚMERO 14 (ETAPA IV)

Preliminares

El bogui-bogui: (figura 60) el/la facilitador/a forma un círculo con el grupo y pide a los participantes que lo imiten. El/la facilitador/a puede proponer o abrir el espacio para que los participantes presenten distintas formas de cantar y bailar este preliminar, como por ejemplo: gritando, en música tecno, en idioma inventado, en cámara rápida, etcétera.

Aunque este juego pudiera parecer poco apropiado para esta etapa de desarrollo, es importante aclarar que resulta útil para motivar e incentivar, de manera lúdica y liviana, el sentido de pertenencia a un grupo, el afiatamiento grupal, la importancia de perderle el miedo al ridículo frente a otros y el sentido musical colectivo.

CANCIÓN	ACCIÓN
• *bailando el bogui-bogui*	• bailar y palmear
• *bailando el bogui-bogui*	• bailar y palmear
• *bailando el bogui-bogui*	• bailar y palmear
• *todo*	• manos en los muslos
• *será*	• manos cruzadas en el pecho
• *mejor*	• manos en los hombros
• *hey*	• manos arriba
• *y pongo la cabeza adentro*	• lo hacen
• *y pongo la cabeza afuera*	• lo hacen
• *y la sacudo ahora*	• lo hacen
• *me doy una vuelta entera*	• lo hacen
• *y bailo el bogui-bogui*	• bailan
• *y todo*	• manos en los muslos
• *será*	• manos cruzadas en el pecho
• *mejor*	• manos en los hombros
• *hey*	• manos arriba
• *bailando el bogui-bogui*	• bailar y palmear
• *bailando el bogui-bogui*	• bailar y palmear
• *bailando el bogui-bogui*	• bailar y palmear
• *todo*	• manos en los muslos
• *será*	• manos cruzadas en el pecho
• *mejor*	• manos en los hombros
• *hey*	• manos arriba
• *y pongo mano derecha adentro*	• lo hacen

CANCIÓN	ACCIÓN
• *y pongo mano derecha afuera*	• lo hacen
• *y la sacudo ahora*	• lo hacen
• *me doy una vuelta entera*	• lo hacen
• *y bailo el bogui-bogui*	• bailan
• *y todo*	• manos en los muslos
• *será*	• manos cruzadas en el pecho
• *mejor*	• manos en los hombros
• *hey*	• manos arriba
• *bailando el bogui-bogui*	• bailar y palmear
• *bailando el bogui-bogui*	• bailar y palmear
• *bailando el bogui-bogui*	• bailar y palmear
• *todo*	• manos en los muslos
• *será*	• manos cruzadas en el pecho
• *mejor*	• manos en los hombros
• *hey*	• manos arriba
• *y pongo la cadera adentro*	• lo hacen
• *y pongo la cadera afuera*	• lo hacen
• *y la sacudo ahora*	• lo hacen
• *me doy una vuelta entera*	• lo hacen
• *y bailo el bogui-bogui*	• bailan
• *y todo*	• manos en los muslos
• *será*	• manos cruzadas en el pecho
• *mejor*	• manos en los hombros
• *hey*	• manos arriba......por ejemplo

El/la facilitador/a puede reiterar la canción con todos los segmentos corporales.

Figura 60

Algo mío quiere bailar: (figura 61) el/la facilitador/a le pedirá al grupo que se disperse por la sala, ocupando todo el espacio. Ayudado por un estímulo musical, puede ser el pandero o una grabación con música adecuada, irá indicando la acción que el grupo deberá reflejar:

- **escuchamos la música**
- **no queremos bailar**
- **los pies se rebelan y tratan de bailar**
- **el resto del cuerpo lucha por mantenerse inmóvil**
- **los pies tratan de convencerlo**
- **conseguimos detener el movimiento de los pies**
- **no queremos bailar**
- **la cabeza se rebela y trata de bailar**
- **el resto del cuerpo lucha por mantenerse inmóvil**
- **la cabeza trata de convencerlo**
- **conseguimos detener el movimiento de la cabeza**
- **no queremos bailar**
- **los glúteos se rebelan y tratan de bailar**
- **el resto del cuerpo lucha por mantenerse inmóvil**
- **los glúteos tratan de convencerlo**
- **conseguimos detener el movimiento de los glúteos**
- **no queremos bailar**
- **las rodillas se rebelan y tratan de bailar**
- **el resto del cuerpo lucha por mantenerse inmóvil**
- **las rodillas tratan de convencerlo**
- **conseguimos detener el movimiento de las rodillas**

...por ejemplo

El/la facilitador/a puede reiterar el ejercicio con todos los segmentos corporales.

Figura 61

Sensibilización

El regalo imaginario: (figura 62) el/la facilitador/a organizará al grupo en parejas. Estas se distribuirán libremente en el espacio, A y B se sentarán cómodamente uno al frente del otro. Se les pedirá que se mantengan en silencio y atentos a las instrucciones. A hará aparecer en sus manos un regalo imaginario, envuelto con papel y cinta. El/la facilitador/a pedirá a cada integrante B que imagine recibir un regalo. A deberá mostrar su peso, forma y tamaño, abrirlo, mostrar para qué sirve, etcétera, hasta que B lo reconozca, lo reciba y lo nombre. Luego B le regala a A.

Figura 62

Creatividad corporal

El cuerpo de las personas: (figura 63) el/la facilitador/a le pedirá al grupo que se disperse por la sala, ocupando todo el espacio. Explicará a los/as participantes que existen tres motores corporales básicos de traslación: la cabeza, el tórax y la pelvis. Luego pedirá que, al sonar del pandero y según lo indique la instrucción, el grupo camine guiado por su motor de:

- **cabeza**
- **tórax**
- **pelvis**

Luego le pedirá a los/as participantes que seleccionen un motor de movimiento y que busquen un personaje que pudiera caminar así. El/la facilitador/a renovará la instrucción después de máximo un minuto.

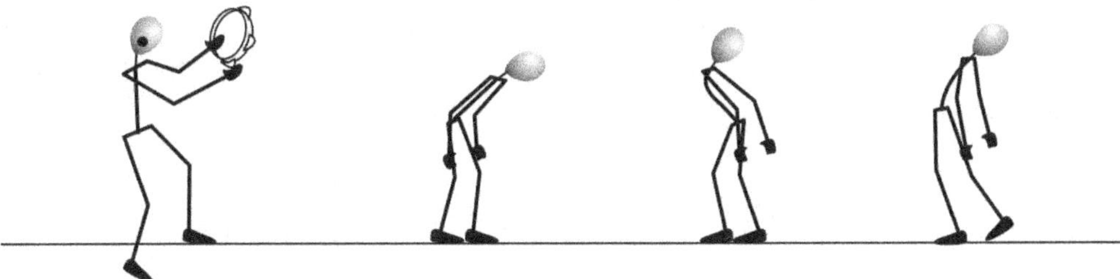

Figura 63

Objeto-transformación: (figura 64) el/la facilitador/a le pedirá al grupo que forme un círculo. Luego dejará en el suelo y al medio del círculo un conjunto de objetos. Cada participante escogerá uno, se dispersará libremente por la sala, ocupando todo el espacio, y propondrá un mínimo de tres alternativas para transformar el uso cotidiano de dicho objeto. El/la facilitador/a puede proponer:

- **un sombrero**
- **una botella**
- **una bufanda**
- **un cepillo de dientes**
- **un paño de cocina**
- **una corbata**
- **una caja de remedios**
- **un lápiz**
- **un teléfono celular**
- **un paraguas**
- **un collar**
- **un paño de sacudir**
- **un barniz de uñas**
- **un delantal**
- **una pipa**
- **una peineta**
- **un disco compacto**

..............................por ejemplo

Figura 64

Creatividad vocal

La voz de las personas: el/la facilitador/a formará un círculo con el grupo. Les pedirá que durante el ejercicio recuerden que la inspiración infla el abdomen y que la espiración lo desinfla. Aclarando que lo importante es desarrollar la capacidad vocal, explicará que ejercitarán tres resonadores: de cabeza, nasal y de pecho. Luego pedirá que, al sonar del pandero y según lo indique la instrucción, el grupo sonorice guiado por su resonador de:

- **cabeza**
- **nasal**
- **pecho**

Posteriormente le pedirá a los/as participantes que seleccionen un resonador y que busquen un personaje que pudiera hablar así. El/la facilitador/a renovará la instrucción después de máximo un minuto.

Lectura dramatizada: el/la facilitador/a formará un círculo con el grupo. Les pedirá que durante el ejercicio recuerden que la inspiración infla el abdomen y que la espiración lo desinfla. Luego, aclarando que lo importante es desarrollar la capacidad vocal, explicará que leerán un texto breve, procurando comunicar el máximo de interpretación a nivel vocal. El/la facilitador/a hará circular por turno un texto dramático, que cada participante deberá abrir al azar y seleccionar un trozo para leer, primero en silencio y luego en voz alta. El/la facilitador/a cambiará al lector después de máximo 30 segundos.

Expresión (improvisación y dramatización)

El objeto perdido: el/la facilitador/a pedirá que se formen grupos de cinco a siete integrantes. Cada grupo deberá definir, en secreto, qué objeto perdido, concreto o abstracto, orientará su dramatización. El/la facilitador/a dará entre diez y quince minutos para preparar el ejercicio. Luego, los grupos mostrarán su dramatización mientras los demás participantes observan. Finalmente, todos comentarán la experiencia, orientados por los contenidos expuestos por el/la facilitador/a. Los objetos perdidos pueden ser:

- **un anillo de compromiso**
- **las llaves de la casa**
- **el extinguidor del auto**
- **el libro con la materia de la prueba**
- **una prenda de vestir prestada**
- **el niño de la casa**
- **un remedio vital para la salud**
- **la virginidad**
- **el respeto**
- **la autoestima**
- **los modales**
- **los principios**
- **un defecto**
- **una cualidad**
- **la decencia**
- **la vergüenza...por ejemplo**

Valoración

Todos/as comentarán la experiencia.

SED NÚMERO 15 (ETAPA IV)

Preliminares

Firmar con: (figura 65) el/la facilitador/a le pedirá al grupo que se disperse libremente por la sala, de manera que puedan moverse sin toparse entre sí. Ayudado por un pandero, para marcar los cambios de estímulo, propondrá que el grupo trace su firma en el aire con:

- rapidez
- lentitud
- suavidad
- fuerza
- el pie izquierdo
- la cabeza
- el ombligo
- el hombro derecho
- trazos pequeños
- trazos amplios
- trazos diminutos
- spray.........................por ejemplo

Figura 65

Dinámica en parejas: (figura 66) el/la facilitador/a le pedirá al grupo que se distribuya en parejas para trabajar en forma simultánea. Una vez formadas, los/as integrantes A y B se sentarán frente a frente, mirándose. El/la facilitador/a les explicará que el juego pretende ejercitar la memoria y la concentración. Primero A hablará de lo que quiera, durante un minuto sin detenerse, y B lo escuchará, sin preguntar nada. A la señal del facilitador se invertirán los roles: B hablará y A escuchará. Luego, el/la facilitador/a le pedirá al grupo que se disponga en un círculo. Primero todos los A presentarán a los B, utilizando la información que recuerdan, luego los B presentarán a los A.

Figura 66

Sensibilización

Espejos y sombras: (figura 67) el/la facilitador/a le pedirá al grupo que se divida en parejas (A y B) para trabajar en forma simultánea, colocándose frente a frente. A realizará en cámara lenta movimientos que B imitará como si fuera un espejo.

Después de dos a cuatro minutos B será líder y A reproducirá los movimientos. Es importante que se conserve la frontalidad. Luego B se pondrá detrás de A y reproducirá, en velocidad normal, los movimientos de A. Después de dos a cuatro minutos, A sigue a B.

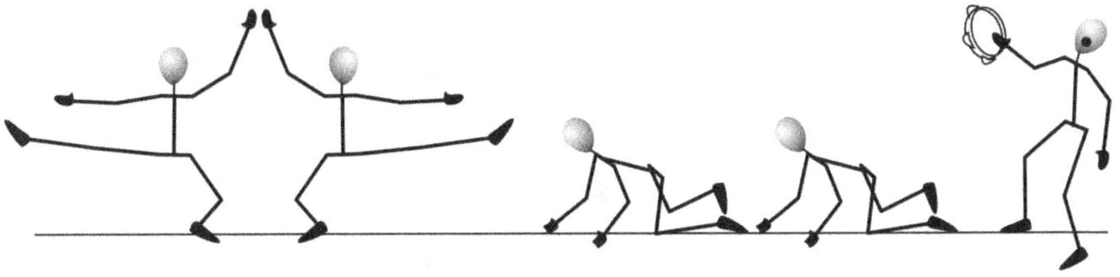

Figura 67

Creatividad corporal

Esculturas: (figura 68) el/la facilitador/a le pedirá al grupo que se divida en parejas (A y B) para trabajar en forma simultánea, colocándose frente a frente. A moldea el cuerpo de B. A debe lograr tres actitudes básicas que expresen tres estados de ánimo, oficios y/o sentimientos diferentes. Es importante que cada escultura se realice en un nivel diferente (alto, medio, bajo). Al terminar cada escultura, A debe pedirle a B que imprima en su cuerpo la figura, apelando a su memoria corporal. Luego A es moldeado por B, quien seguirá las mismas reglas anteriormente dadas.

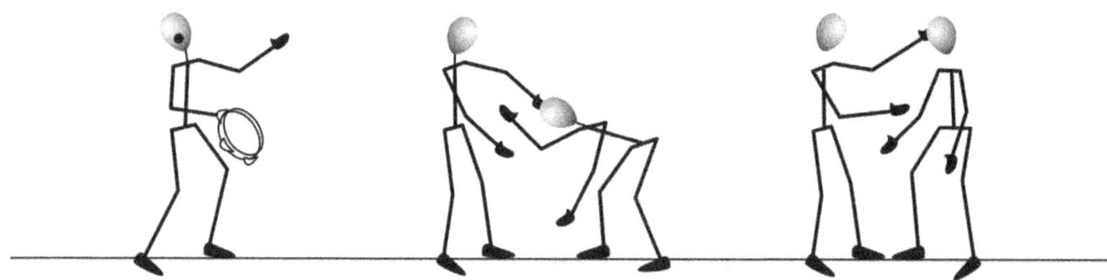

Figura 68

Museo de cera: (figura 69) ayudado por un pandero, para hacer más asertiva la instrucción, el/la facilitador/a organizará un museo para exhibir el material anterior. Primero les pedirá a todos los A que se distribuyan en el espacio como si fueran esculturas de un museo. A la señal del pandero ejecutarán, una a una, sus tres imágenes. El/la facilitador/a debe dejar un tiempo entre cada imagen para que todos los B vean y comuniquen lo que perciben de las actitudes básicas que crearon en el cuerpo de sus compañeros. Luego todos los B repetirán la operación con las esculturas que los A crearon en sus cuerpos.

Figura 69

Creatividad vocal

Articulación mímica: el/la facilitador/a le pedirá al grupo que se divida en parejas (A y B) para trabajar en forma simultánea, colocándose frente a frente. A articula, sin sonido, un mínimo de diez frases cortas a B. Este debe adivinarlas y decirlas en voz alta. Luego B articula sus frases y A adivina y repite en voz alta.

Radio-teatro: el/la facilitador/a les pedirá a los participantes que se dividan en grupos de cinco a diez integrantes. Luego, aclarando que lo importante es la capacidad de creatividad vocal, les recordará que la inspiración infla el abdomen y que la espiración lo desinfla. Finalmente, propondrá un guion orientador para realizar un radio-teatro:

- **Título: "El Trauco"**
- **Tema: el Trauco se arranca del sur y llega a la playa de Cartagena.**
- **Características de los personajes: la voz del Trauco alterna de bestial a varonil; la voz del vendedor varía de grave a aguda; el salvavidas es afeminado; una anciana; lolo de clase acomodada; etcétera.**
- **Se debe incluir: locución, comerciales, ambientación y programación radial.**
- **El grupo debe lograr presentación, conflicto, clímax y desenlace ....por ejemplo**

Expresión (improvisación y dramatización)

Refranes: el/la facilitador/a pedirá que se formen en grupos de cinco a diez integrantes. Aclarando que lo importante es desarrollar la capacidad de improvisación, propondrá un refrán orientador. Cada grupo deberá definir, en secreto, cómo dramatizarán el refrán. El/la facilitador/a dará entre diez y quince minutos para preparar el ejercicio. Luego, los grupos mostrarán su dramatización mientras los demás participantes observan. Finalmente, todos comentarán la experiencia, orientados por los contenidos expuestos por el/la facilitador/a. Algunos de los refranes propuestos pueden ser:

- **Lo que siembres, cosecharás**
- **Más vale prevenir que curar**
- **Más vale solo que mal acompañado**
- **Nadie es profeta en su tierra**
- **No digas nunca de esta agua no beberé**
- **No hay mal que dure cien años**
- **Por la boca muere el pez**
- **Pueblo chico, infierno grande**
- **Quien mucho abarca, poco aprieta**
- **Quien se excusa, se acusa**
- **Toda escoba nueva barre bien**
- **Todo lo que brilla no es oro.......................por ejemplo**

Valoración

Todos/as comentarán la experiencia.

SESIÓN NÚMERO 16 (ETAPA IV)

Preliminares

Ejercicios de columna: (figura 70) el/la facilitador/a pedirá a los participantes que formen un círculo, dejando una distancia prudente a su alrededor. Luego explicará que la columna tiene cuatro segmentos: la cabeza, el tórax, la cintura y la cadera. Explicará que estos ejercicios se trabajarán curvando la columna cuando se baja y en línea recta cuando se sube. Finalmente, ayudado por su pandero, pedirá que mantengan siempre sus piernas en posición firme y que bajen por

bajen por
- cabeza flectando el cuello al máximo hacia abajo
- tórax flectando el pecho al máximo hacia abajo
- cintura flectando el tronco al máximo hacia abajo
- cadera soltando todo el cuerpo hacia adelante y hacia abajo

suban por
- cabeza flectando el cuello al máximo hacia arriba
- tórax flectando el pecho al máximo hacia arriba
- cintura flectando el tronco al máximo hacia arriba
- cadera volviendo el cuerpo a la posición vertical

bajen por
- cadera
- cintura
- tórax
- cabeza

suban por
- cadera
- cintura
- tórax
- cabeza

Estos segmentos también se pueden trabajar, subiendo y bajando hacia la izquierda, hacia la derecha y hacia atrás.

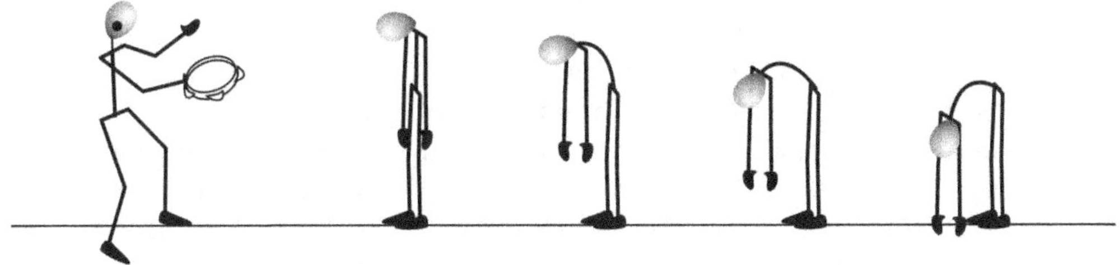

Figura 70

En confianza: (figura 71) el/la facilitador/a le pedirá al grupo que se divida en parejas (A y B) para trabajar en forma simultánea. A será el guía y B será el no vidente. Para simular su ceguera no utilizará pañuelo, deberá obligarse a mantener los ojos cerrados. A deberá hacer pasar a B por al menos cinco tipos de estímulos, que comunicará a su compañero mientras realice su travesía. Luego de máximo cinco minutos, el/la facilitador/a pedirá a las parejas que se intercambien los roles y repitan el ejercicio, procurando no repetir los estímulos. Pueden pasar por:

- **un túnel**
- **suelo resbaladizo**
- **escaleras**
- **suelo pegajoso**
- **un laberinto**
- **la selva**
- **terreno disparejo**
- **arena caliente............por ejemplo**

Figura 71

Sensibilización

Relajación dirigida: (figura 72) el/la facilitador/a les pedirá a los participantes que se dispersen por la sala y se tiendan boca arriba con el cuerpo relajado. Luego les pedirá que comprueben si las extremidades, hombros y cuello están sueltos. Las piernas se relajarán hacia afuera y los pies se abrirán formando un triángulo, cuyo vértice estará en los talones. Las manos con las palmas hacia el suelo reposarán a la altura de las caderas, un poco separadas del cuerpo. El/la facilitador/a verificará la relajación individualmente sobre cada participante, a partir de las articulaciones. Si levanta la mano de uno de ellos, esta caerá por su peso como si estuviera muerta y la cabeza deberá rodar de un lado hacia otro al menor impulso. Inducido por el/la facilitador/a, cada participante deberá caer en un espacio imaginario infinito y dejarse llevar por el siguiente texto de Vicente Huidobro:

Cae cae eternamente
Cae al fondo del infinito
Cae al fondo de ti mismo
Cae lo más bajo que se pueda caer
Cae sin vértigo
A través de todos los espacios y todas las edades
A través de todas las almas de todos los anhelos y todos los naufragios
Cae y quema al pasar los astros y los mares
Quema los corazones que te miran y los corazones que te aguardan
Quema el viento con tu voz
Y la noche que tiene frío en su gruta de huesos
Cae en infancia
Cae en vejez
Cae en lágrimas
Cae en risas
Cae en música sobre el universo
Cae de tu cabeza a tus pies
Cae de tus pies a tu cabeza
Cae del mar a la fuente
Cae al último abismo de silencio
Como el barco que se hunde apagando sus luces...

Una vez terminado el relato del texto y después de tres minutos de silencio vocal y corporal, el/la facilitador/a hará que los/as participantes retornen lentamente a la realidad de la sala. Para ello les pedirá que respiren profundamente varias veces, que muevan los dedos de los pies, de las manos y los músculos de la cara.

Finalmente los motivará a que estiren sus cuerpos aumentando en intensidad y que una vez que se sientan recuperados, abran sus ojos y se levanten muy suavemente. El retorno a la posición vertical es delicado, por ello el/la facilitador/a demandará que lo último que se levante sea la cabeza.

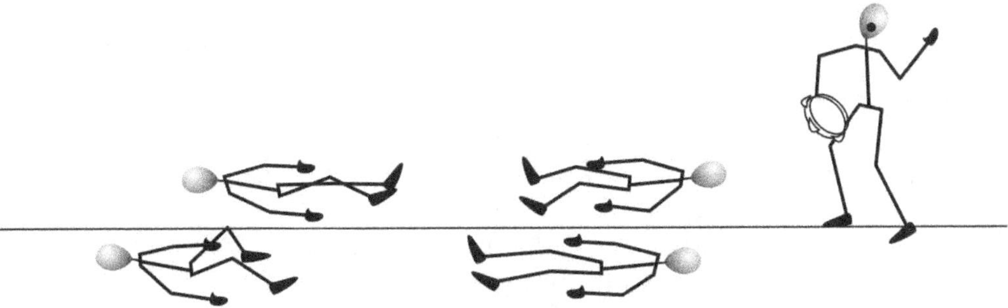

Figura 72

Creatividad corporal

Preparación física: el/la facilitador/a pedirá a los participantes que formen un círculo, dejando una distancia prudente a su alrededor. Luego estimulará el movimiento de los segmentos corporales basándose en imágenes y pedirá mover:

- **la cabeza como**
  - **paño que limpia**
  - **limpiaparabrisas**
  - **revolviendo una olla**
- **los hombros como**
  - **caminando juntos**
  - **caminando separados**
  - **riéndose uno del otro**
  - **riéndose juntos**
- **los brazos como**
  - **alas de un pájaro**
  - **agua de lluvia**
  - **sacudiéndose**
- **el tórax como**
  - **robot**
  - **bailando**
  - **si fuera baleado**
- **la cintura como**
  - **bailando ula-ula**
  - **haciendo ejercicios para adelgazar**
  - **si un hielo la tocara**
- **las caderas como**
  - **pintando una pared**
  - **bailando salsa**
  - **haciendo el amor**
- **las piernas como**
  - **despertándose**
  - **mirándose la una a la otra**
  - **si bailaran ballet clásico**
- **los pies como**
  - **recibiendo alimento**
  - **si tuvieran asco**
  - **pisando brasas**
- **el cuerpo como**
  - **muñeca de madera**
  - **muñeca de trapo**
  - **campanilla sonando...........por ejemplo**

Serie de acciones físicas: (figura 73) el/la facilitador/a le pedirá al grupo que se divida en parejas. Luego, aclarando que lo importante es desarrollar la capacidad de improvisación, entregará a cada participante una serie de máximo veinte acciones físicas escritas en un papel. El/la facilitador/a dará entre cinco y diez minutos para preparar el ejercicio. Las parejas mostrarán su trabajo por turno, mientras los demás participantes observan. Finalmente, todos comentarán la experiencia, orientados por los contenidos expuestos por el/la facilitador/a.

1. El personaje 1, feliz en el parque, se sienta en un banco a leer el diario.
2. Entra el personaje 2 con una radio. Se sienta junto al personaje 1.
3. El personaje 1 lee el diario y el personaje 2 escucha y se mueve al ritmo de la música.
4. El personaje 1 demuestra su molestia. Mira seriamente al personaje 2 y éste ríe ampliamente.
5. El personaje 2 se acerca a leer el diario del personaje 1.
6. El personaje 1 se molesta y deja el diario.
7. El personaje 2 saca de su bolsillo un paquete de maní y comienza a comer.
8. El personaje 2 ofrece maní al personaje 1. Éste no acepta.
9. El personaje 2 ofrece nuevamente maní al personaje 1 y, ahora, éste acepta.
10. Los dos personajes comen alegremente maní.
11. Se termina el maní. El personaje 1 toma su diario y vuelve a leer. El personaje 2 infla el cartucho de papel y lo revienta en el oído del personaje 1.
12. El personaje 2 vuelve a moverse al ritmo de la música de la radio.
13. El personaje 1 se vuelve a molestar. Se le ocurre una idea: le ofrece una página de caricaturas al personaje 2, a cambio de que éste le preste la radio. El personaje 2 acepta.
14. El personaje 1 apaga la radio y se siente feliz nuevamente con su tranquilidad circundante.
15. El personaje 2 lee y ríe moderadamente.
16. El personaje 1 se molesta.
17. El personaje 2 ríe a carcajadas.
18. El personaje 1 se molesta definitivamente. En el clímax de su rabia, se levanta, le quita el diario furiosamente al personaje 2, lo destroza y se lo lanza por la cabeza.
19. El personaje 1 se aleja muy descontrolado.
20. El personaje 2, muy desconcertado, busca su radio y sale moviéndose al ritmo de una música estridente (Texto de Manuel Gallegos Abarca).

Figura 73

Creatividad vocal

Preparación vocal: el/la facilitador/a formará un círculo con el grupo. Les pedirá que durante el ejercicio recuerden que la inspiración infla el abdomen y que la espiración lo desinfla. Luego demandará:

- inspirar
- retener
- espirar
- abrir y cerrar la boca exageradamente
- dar besitos al aire
- masticar con exageración
- sacar y entrar la lengua
- tocar el mentón con la lengua
- mover la lengua, haciendo un círculo, por fuera de la boca
- mover la lengua, haciendo un círculo, por dentro de la boca
- bostezar
- pronunciar exageradamente las vocales
- articular exageradamente el abecedario
- emitir una poesía simple, separándola por sílabas

Mi-ma-má-me-dio-u-na-guin-da
Mi-pa-pá-me-la-qui-tó
Y-me-pu-se-tan-co-lo-ra-di-to
Co-mo-la-guin-da-que-me-dio.........................por ejemplo

Festival de coros: (figura 74) el/la facilitador/a pedirá a los/as participantes que se dividan en grupos de cinco a diez integrantes. Luego, aclarando que lo importante es desarrollar la capacidad vocal, propondrá realizar un festival internacional de coros. Cada grupo deberá definir, en secreto, el país al cual pertenecen y la canción que cantarán. Esta última puede ser conocida o creada para la ocasión y puede tener letra o estar compuesta solo de sonidos. El/la facilitador/a dará entre cinco y diez minutos para preparar el ejercicio. Luego, los coros iniciarán su muestra por turnos, que definirá el/la facilitador/a, quien actuará como presentador del festival. El resto de los participantes actuará de público.

Figura 74

Expresión (dramatización)

Dramatización: el/la facilitador/a pedirá a los/as participantes que se dividan en grupos de cinco a diez integrantes. Aclarando que lo importante es desarrollar la capacidad de interpretación actoral, dará entre diez y quince minutos para preparar el ejercicio. Luego, los grupos mostrarán su dramatización mientras los demás participantes observan. Finalmente, todos comentarán la experiencia, orientados por los contenidos expuestos por el/la facilitador/a. Cada grupo deberá incluir en su propuesta:

- **personajes definidos**
- **presentación de un tema**
- **situación dramática**
- **conflicto dramático**
- **clímax**
- **desenlace**

Valoración

Todos/as comentarán la experiencia.

VALORACIÓN

VALORACIÓN

UN NUEVO CONCEPTO

Desde siempre la manifestación artística ha sido percibida como un fenómeno personal y, por lo tanto, subjetivo y particular del creador.

Por ello el concepto de evaluación, que supone un juicio objetivo por parte del evaluador, ha sido implementado, aunque sostenidamente cuestionado, en los espacios donde se imparte la enseñanza artística.

Los criterios e instrumentos tradicionales de evaluación no siempre resultan asertivos y aplicables, ya que, aunque es factible adaptarlos, no logran cumplir cabalmente su cometido: una amplia gama de aspectos del proceso creativo de las actividades expresivas no queda reflejada en los resultados.

Sin embargo, la expresión dramática, entendida como actividad educativa que potencia el desarrollo afectivo de las personas, debe ser evaluada como cualquier proceso de aprendizaje involucrado en la formación del individuo.

Dado lo anterior, y buscando apoyar el marco teórico de la pedagogía teatral propuesto en este texto, se recoge el concepto de **valoración**, que se diferencia del concepto de evaluación, porque intenta evitar basarse en modelos estéticos clásicos y convencionalmente aceptados para analizar las realizaciones artísticas de los estudiantes. Lo expuesto se evidencia en el hecho de que la valoración incorpora los conceptos de error y fracaso al proceso educativo y los entiende como fuente de aprendizaje significativo.

Cuando evaluamos, centramos la atención en el desarrollo de las habilidades, destrezas, conocimientos y aptitudes individuales para lograr un resultado artístico determinado que refleja la adquisición y especialización de técnicas propias del lenguaje teatral en términos de acierto y éxito.

Cuando valoramos, centramos la atención en las actitudes de orden afectivo, manifestadas por los participantes en el transcurso del proceso de aprendizaje, tomando en cuenta la etapa de desarrollo del juego que experimenta la persona.

VALORACIÓN

Dependiendo de las necesidades tanto del facilitador como de los estudiantes, la valoración puede ser aplicada al finalizar cada sesión, mes, trimestre y/o semestre, alternando los diferentes niveles e instrumentos que la caracterizan. Cabe señalar que toda Sesión de Expresión Dramática-SED debe finalizar realizando una actividad de valoración, ya que posibilita al estudiante para articular un juicio crítico de la labor desempeñada por sí mismo/a y/o el facilitador/a.
La valoración debe ser diseñada en relación a las necesidades pedagógico-teatrales de la SED realizada, tomando en cuenta lo siguientes aspectos:

Niveles de valoración:

a) personal: que mide el aporte individual al servicio del trabajo colectivo;

b) grupal: que mide la capacidad de trabajar colectivamente;

c) teatral: que mide habilidades técnico-expresivas.

Los dos primeros niveles se refieren al desarrollo afectivo que han experimentado los estudiantes en el proceso de aprendizaje. El tercer nivel se utiliza cuando hay un resultado final factible de analizar desde el punto de vista técnico-teatral.

Instrumentos de valoración:

a) **Perceptual**: se caracteriza por un análisis espontáneo, intuitivo y de orden sensible, en donde no deben mediar opiniones de origen netamente intelectual. Tanto los participantes como el facilitador expresarán opiniones diciendo: me sentí como..., sentí que..., intuyo que..., me parece que.... creo que...

b) **Conceptual**: se refiere a una adaptación de la evaluación clásica por conceptos. Su diferencia radica en que los conceptos excelente, muy bueno, bueno, aceptable, regular, deficiente, malo, etcétera, se reemplazan por conceptos valóricos que traduzcan actitudes afectivas de los participantes y/o del facilitador, tales como: amor, rechazo, indiferencia, vergüenza, aprecio, respeto, afecto.

c) **Calificativo**: se refiere a ponerle una calificación a la valoración realizada. La valoración calificativa debe contemplar la noción de escala o porcentaje (en Chile: escala de 1,0 a 7,0) y la conciencia de número crítico del proceso de aprendizaje (la calificación 4,0).

Resulta fundamental señalar que la valoración coopera exitosamente con el proceso de aprendizaje, solo cuando es constructiva, imparcial, clara y definida con respecto a los contenidos, objetivos, deficiencias y logros que tanto estudiantes como facilitadores se han propuesto valorar. También es relevante la exposición previa y clara de los indicadores de los contenidos seleccionados para valorar, cualquiera sea el nivel e instrumento de valoración seleccionado para la ocasión.

EJEMPLOS PRÁCTICOS

Ejemplo N°1:

Valoración NIVEL grupal / INSTRUMENTO perceptual:

- **Objetivos:** - Desarrollar la capacidad de autovaloración
  - Crear sentimientos positivos dentro del grupo

Procedimiento: Sentados en círculo, el pedagogo explica que "el ejercicio pretende que expresen lo que les gusta de cada uno de los integrantes del grupo y que tomen conciencia de lo que sienten mientras reciben las diversas opiniones".

Se invita a un integrante a que se coloque sentado al centro del círculo, pidiéndole que guarde silencio y que gire para recibir, frente a frente, las opiniones del que le está hablando. A continuación cada integrante expresará, cuando le toque el turno, tres o cuatro cosas que realmente aprecia de la persona que está al centro. El pedagogo debe insistir en que los integrantes sean sinceros y positivos al emitir sus valorizaciones. Cuando se termina la ronda, se le pide a la persona del centro que agradezca no verbalmente las valoraciones de los compañeros.

Si el grupo es reducido, pueden pasar todos los integrantes en una sesión. Si es numeroso, se puede continuar el ejercicio en otra sesión.

Variaciones:
- Un estudiante por sesión
- El pedagogo al centro
- Relato del que estuvo al centro
- Ronda general de sensaciones
- Realizar el ejercicio por escrito, entre otras.

Ejemplo N°2:

Valoración NIVEL individual / INSTRUMENTO conceptual

- **Objetivo:** - Valorar la relación grupal

	Muchísimo / Bastante / Regular / Poco / Nada
El grupo te estimula a participar activamente	
Me siento cómodo en el grupo	
Me siento valorado por el facilitador...	

Variaciones:

	Rechazo / Indiferencia/ Competitividad/ Cooperación / Aceptación / Confianza /Afecto
Las reacciones del grupo frente a ti son de	....
Mis reacciones frente a las propuestas del grupo son	....
La forma de explicar del pedagogo me produce	....

Ejemplo N°3:
Valoración NIVEL individual y grupal/ INSTRUMENTO calificativa

- **Objetivo:** valorar contenidos específicos mediante indicadores claros y precisos.

Tabla de indicadores:

- Nivel de interés
- Participación y desempeño en Preliminares, Sensibilización, Creatividad Corporal y Vocal, Expresión y Valoración
- Nivel de dominio expresivo, vocal y/o corporal, tales como verdad escénica, articulación, disociación, entre muchos otros
- Disposición afectiva y técnica del pedagogo dentro y fuera del aula
- Nivel de contribución al desarrollo personal
- Calidad estética de los ejercicios realizados
- Clima de libre expresión
- Relación con otros sectores curriculares
- Afiatamiento grupal
- Capacidad creativa..por ejemplo

BIBLIOGRAFÍA

BIBLIOGRAFÍA

Angoloti, Carlos (1990) *Comics, títeres y teatro de sombras*. Ediciones De la Torre. Madrid. España. 186 págs.

Artaud, Antonin (2002) *El teatro y su doble*. Ed. Retórica. Buenos Aires. Argentina. 124 págs.

Balaskas A., Stirk J. (1983) *Guía completa de ejercicios de Stretching*. Ed. Urano. Barcelona. España. 183 págs.

Barkworth, Peter (1997) *El libro completo de la actuación*. Editorial Diana. Ciudad de México. México. 258 págs.

Bartolucci, Giuseppe (1982) *El teatro de los niños*. Editorial Fontanella. Barcelona. España. 348 págs.

Boal, Augusto (1973) *Técnicas Latinoamericanas de Teatro Popular*. Ediciones Corregidor. Buenos Aires. Argentina. 211 págs.

Brecht, Bertold (1971) *Escritos sobre Teatro*. Ediciones Nueva Visión. Buenos Aires. Argentina. 197 págs.

Brook, Peter (1986) *El espacio vacío. Arte y técnica del teatro*. Ed. Península. Barcelona. España. 190 págs. Busquets

M.D., Cainzos M., Fernández T. y otras (1993) *Los Temas Transversales*. Ed. Santillana. Madrid. España. 162 págs.

Cañas, José (1992) *Didáctica de la Expresión Dramática*. Ed. Octaedro. Barcelona. España. 306 págs.

Carballido, Emilio (2000) *Teatro para Adolescentes*. Editores Mexicanos Unidos S.A. Ciudad de México. México. 294 págs.

Complo, Jannita Marie (1983) *Actividades Creativas en la Educación Especial*. Ed. CEAC. Barcelona. España. 100 págs.

Dobbeleare, G. (1961) *Pedagogía de la expresión*, Editorial Nova Terra, Barcelona. España. 177 págs.

Eco, Umberto (1980) *Signo*. Editorial Labor. Barcelona. España. 199 págs.

Eines, Jorge y Mantovani, Alfredo (1997) *Didáctica de la Dramatización*. Ed. Gedisa. Barcelona. España. 197 págs.

Eines, Jorge y Mantovani, Alfredo (1980) *Teoría del Juego Dramático*. Ministerio de Educación. Instituto Nacional de Ciencias de la Educación. Madrid. España. 197 págs.

Eisenstein, Sergei (1994) *El Montaje Escénico*. Grupo Editorial Gaceta. Ciudad de México. México. 243 págs.

Errázuriz, Luis Hernán (1994) *Historia de un área marginal*. Ediciones Universidad Católica de Chile. Santiago. Chile. 207 págs.

Faure, Gerard y Lascar, Serge (1981) *El juego dramático en la escuela*. Editorial Cisicel Kapeluse. Francia. 123 págs.

Finchelman, María Rosa (1981) *Expresión Dramática Infantil*. Ed. Plus Ultra. Buenos Aires. Argentina. 263 págs.

Freudenreich, Grasser, Koberling (1979) *Juegos de Actividad Dramática*. Ed. Interduc. Madrid. España. 214 págs.

García-Huidobro, Verónica (1996) *Manual de Pedagogía Teatral*. Ed. Los Andes. Santiago. Chile. 128 págs.

Gallegos, Manuel (1984) Teatro Juvenil. *Selección de obras, teoría y práctica*. Ed. Andrés Bello. Santiago. Chile. 103 págs.

Gómez C., Triviño D. y otros (1988) *Títeres: una estrategia metodológica*. Ed. Secretaría de Educación. Bogotá. Colombia. 101 págs.

González de Díaz G., Trozzo de Servera E., Montero, M. y otros (1998) *El Teatro en la Escuela*. Ed. Aique. Buenos Aires. Argentina. 160 págs.

González de Díaz G., Martí S., Trozzo de Servera E. y otras (1998) *Teatro, Adolescencia y Escuela*. Ed. Aique. Buenos Aires. Argentina. 174 págs.

Gouhier, Henri (1961) *La obra teatral*. Editorial Universitaria de Buenos Aires. Argentina. 223 págs.

Griffero, Ramón (1992) *Tres obras de Ramón Griffero*. Neptuno Editores. Santiago. Chile. 174 págs.

Grotowski, Jerzy (1980) *Hacia un teatro pobre*. Siglo XXI Editores. Ciudad de México. México. 233 págs.

Herans C., Patiño E. (1982) *Teatro y Escuela*. Ed. Laia. Barcelona. España. 155 págs.

Herans C., Patiño E. (1983) *Teatro, Imagen, Animación*. Ed. Laia. Barcelona. España. 181 págs.

Hurtado, María de la Luz (1997) *Teatro chileno y modernidad: identidad y crisis social*. Ediciones de Gestos y Apuntes Universidad Católica de Chile. California. Estados Unidos. 215 págs.

Jiménez, Francisco (1989) *Talleres de Actividades para el desarrollo del Esquema Corporal*. Ed. CEAC. Barcelona. España. 101 págs.

Johnstone, Keith (1979) *Impro: improvisación y el teatro*. Ed. Cuatro Vientos. Santiago. Chile. 203 págs.

Jung, Carl Gustav (1936) *Tipos sicológicos*. Editorial Sudamericana. Buenos Aires. Argentina. 576 págs.

Knapp, Mark L. (1982) *La comunicación no verbal. El cuerpo y el entorno*. Ediciones Paidós. Barcelona. España. 373 págs.

Knébel, María Osipovna (1991) *Poética de la Pedagogía Teatral*. Ed. Siglo Veintiuno. Ciudad de México. México. 180 págs.

Lus, María Angélica (1995) *De la Integración Escolar a la Escuela Integradora*. Ed. Paidós. Buenos Aires. Argentina. 172 págs.

Martín, A., Ramírez, C., Martínez, A. y otros (1995) *Actividades lúdicas. El juego, alternativa de ocio para jóvenes*. Ed. Popular. Madrid. España. 167 págs.

Maturana, Humberto (1991) *El sentido de lo humano*. Ediciones Pedagógicas Chilenas S.A. Filial Grupo Hachette Editorial. Santiago. Chile. 315 págs.

Michelotti, José Luis (1987) *Manual de Teatro para la Escuela*. Ediciones Don Bosco. Buenos Aires. Argentina. 84 págs.

Motos T.,Tejedo F. (1987) *Prácticas de Dramatización*. Ed. Humanitas. Barcelona. España. 353 págs.

Pavis, Patrice (1980) *Diccionario del Teatro: dramaturgia, estética, semiología*. Ediciones Paidós. Barcelona. España. 605 págs.

Pereta R., Carrillo F. y otros (1996) *Creatividad Teatral*. Ed. Alhambra. Ciudad de México. México. 159 págs.

Poveda, Lola (1995) *Ser o no Ser. Reflexión antropológica para un programa de Pedagogía Teatral*. Ed. Narcea. Madrid. España. 262 págs.

Rinderknecht P., Pérez Aguirre L. (1976) *Manual de Juegos*. Ed. Bonum. Buenos Aires. Argentina. 196 págs.

Rodríguez-Marín, Carmen (1986) *Los Tipos Humanos. Caracteriología general*. Ed. Iberoamericanas. Madrid. España. 153 págs.

Rossi Vaquié, Juan (1983) *Nuevas Técnicas de Actuación Dramática*. Ed. Plus Ultra. Buenos Aires. Argentina. 201 págs.

Royman Pérez M., Gallego-Badillo R. (1994) *Corrientes Constructivistas*. Cooperativa Editorial Magisterio. Santafé de Bogotá. Colombia. 152 págs.

Slade, Peter (1978) *Expresión Dramática Infantil*. Ed. Santillana-Aula XXI. Madrid. España. 513 págs.

Sotoconil, Rubén (1965) *Teatro escolar*. Editora Austral. Santiago. Chile. 258 págs.

Sotoconil, Rubén (1998) *Prontuario del Teatro*. Ed. Planeta. Santiago. Chile. 230 págs.

Stanislavsky, Constantin (1963) *Manual del Actor*. Ed. Diana. Ciudad de México. México. 152 págs.

Valdés, Ximena-Cepeda, Antonia (1989) *Entre niños*. Editorial La Puerta Abierta, Santiago. Chile. 161 págs.

Valentín T., Navarro G. (1998) *Gestión, Producción y Marketing Teatral*. Ed. Ñaque. Madrid. España. 132 págs.

Vallon, Claude (1984) *Práctica del teatro para niños*. Ediciones CEAC. Barcelona. España. 176 págs.

Vega, Roberto (1996) *Escuela, Teatro y construcción del conocimiento*. Ed. Santillana. Buenos Aires. Argentina. 131 págs.

Vega, Roberto (1997) *El juego teatral. Aporte a la transformación educativa*. Ed. GEEMA. Buenos Aires. Argentina. 131 págs.

OBRAS DE DRAMATURGOS CHILENOS:

Acevedo Hernández, Antonio; Aguirre, Isidora; Barros Grez, Daniel; Benavente, David; Calderón, Guillermo; Cuadra, Fernando; Debesa, Fernando; Del Canto, Luna; Díaz, Jorge; Durán Cerda, Julio; De la Parra, Marco Antonio; Galemiri, Benjamín; Griffero, Ramón; Harcha, Ana María; Heiremanns, Luis Alberto; Huidobro, Vicente; Luco Cruchaga, Germán; Marchant, Jorge; Meza, Gustavo; Moock, Armando; Radrigán, Juan; Requena, María Asunción; Rivano, Luis; Sieveking, Alejandro; Soto, Cristián; Sotoconil, Rubén; Stranger, Inés Margarita; Vodanovic, Sergio; Wolff, Egon, entre otros.

OBRAS DE DRAMATURGOS EXTRANJEROS:

Brecht, Bertold; Calderón de la Barca, Pedro; Chejov, Anton; De Molina, Tirso; Dragún, Osvaldo; García, Rodrigo; García Lorca, Federico; Handke, Peter; Ibsen, Henrick; Ionesco, Eugene; Miller, Arthur; Molière; O'Neill, Eugene; Pinter, Harold; Rodríguez, Nelson; Sinis Terra, Sanchís; Shakespeare, William; Williams, Tennessee; Zorrilla, José, entre otros.

ANEXOS

ANEXOS

Como fue señalado previamente en la introducción de esta nueva edición, el presente capítulo denominado **Anexos** es una recopilación realizada por la autora, junto a la Compañía La Balanza: teatro y educación, desde 1993 a la fecha. Se compone de cuatro anexos que presentan nueve ejemplos de experiencias metodológicas teórico-prácticas, factibles de ser desarrolladas en las tres áreas de inserción de la pedagogía teatral en el sistema educativo de nuestro país, orientado desde 1990 por el marco curricular de la Reforma Educacional.

En este contexto se abarcan cuatro temas relevantes que buscan contribuir a concretar el uso del teatro en la educación mediante la **Pedagogía Teatral**, cuales son: **Transversalidad** (Objetivos Fundamentales Transversales O.F.T.; Unidades de Orientación y Jefatura de Curso), **Sectores Curriculares** (Lenguajes y Comunicación; Matemáticas e Historia y Ciencias Sociales), **Plan Diferenciado de Artes Escénicas**, Planes y Programas para Tercero o Cuarto Año de Enseñanza Media del Ministerio de Educación (Teatro y Danza) y **Dimensión Terapéutica** (Necesidades Educativas Especiales).

ANEXO 1: TRANSVERSALIDAD

Docente: Liliana I. Ponce Palma

Licenciada en Educación, Pontificia Universidad Católica de Chile
Pedagoga Teatral, Diplomado de Pedagogía Teatral U.C.
Asistencia Pedagógica, Compañía La Balanza

INTRODUCCIÓN

La **Pedagogía Teatral**, como instrumento en la enseñanza tradicional, busca "impulsar el desarrollo del área afectiva en el ser humano (...) y formar individuos íntegros y creativos que aporten con su expresión a la comunidad en la cual se encuentran insertos" (García-Huidobro, V., 1992: 10, 12).

A su vez, los **Objetivos Fundamentales Transversales (O.F.T.)** buscan contribuir "al desarrollo del pensamiento creativo y crítico; a fortalecer y afianzar la formación ético-valórica; a orientar el proceso de crecimiento y autoafirmación personal; y a orientar la forma en que la persona se relaciona con otros seres humanos y con el mundo" (Ministerio de Educación, 1997: 44).

A simple vista es fácilmente apreciable que entre la primera y los O.F.T. existen muchos puntos en común, es más, la relación entre ambos pareciera potenciar un cambio en la manera de entender la enseñanza formal.

Es en esta relación en la que quisiera detenerme y profundizar. Para ello propongoel siguiente cuadro comparativo:

Principios de la Pedagogía Teatral	Orientaciones de la pedagogía teatral
1. Metodología activa que trabaja con el mundo afectivo de las personas.	1. Educación humanista que sitúa al alumno como centro del aprendizaje. Constata la necesidad de incorporar variables afectivas como una manera de otorgar valor al proceso y de atender a la persona concreta.
2. Prioriza el desarrollo de la vocación humana por sobre la vocación artística.	2. Promueve la significatividad de los aprendizajes intentando superar el academicismo y el asignaturismo.
3. Concibe el juego dramático como el recurso educativo fundamental para desarrollar el área afectiva. Orientaciones de los O.F.T.	3. Busca desarrollar la creatividad y actualizarse en expresiones propias y específicas de la juventud

Principios de la Pedagogía Teatral	Orientaciones de la pedagogía teatral
4. Respeta la naturaleza y las posibilidades objetivas de los estudiantes de acuerdo a su etapa de desarrollo del juego.	4. En tanto busca orientar el proceso de crecimiento y autoafirmación personal, es necesario considerar la etapa evolutiva del educando.
5. Se entiende como actitud educativa más que técnica pedagógica.	5. Se relaciona con la más profunda vocación docente: formar personas desde la integridad más que transmitir contenidos.
6. Privilegia el proceso de aprender por sobre el resultado artístico teatral.	6. Educación que redimensiona el presente, capacitando al educando para entender y relacionarse con la sociedad en que vive en el momento actual y no solo preparándolo para el futuro.

Si observamos el cuadro anterior, vemos que la relación entre ambos marca un cambio importante con respecto a lo que hasta ahora ha sido nuestra enseñanza tradicional. Quisiera ir aún más lejos en lo que respecta a este cambio y tomar el cuarto aspecto en común.

Cuando la Pedagogía Teatral toma como punto de partida para su accionar el considerar la etapa de desarrollo del juego, parte de un supuesto básico que en nuestra educación tradicional parece olvidado: la persona concreta, con necesidades, posibilidades y características específicas. Esto también es válido en lo que concierne al trabajo del educador en el aula. Si, en vez de tomar como fin último las materias de los distintos sectores curriculares en los cuales esporádicamente introducimos objetivos formativos, damos un vuelco e impulsamos nuestra práctica pedagógica a partir de las necesidades específicas de los educandos que atendemos, estamos ante un concepto distinto de la enseñanza.

Es en esta línea que los O.F.T. permiten avanzar, y es esto lo que, a mi juicio, potencia la Pedagogía Teatral cuando ella misma parte de la etapa de desarrollo del juego.

Si hacemos una revisión de las deficiencias que diversas investigaciones han señalado con respecto a nuestra educación, se destaca reiteradamente la pobreza de significado formativo de parte de sus contenidos y la falta de conexión con la vida de las personas, ya que para muchos estudiantes, especialmente adolescentes, lo que esta educación les propone no tiene significado ni valor para sus vidas, aspecto que conlleva una falta de motivación bastante grande.

Todo parece señalar que es de vital importancia considerar aquellas necesidades propias de las distintas etapas evolutivas, necesidades que tradicionalmente han quedado fuera del quehacer y la reflexión pedagógica por dar una excesiva importancia a los aspectos de contenido; la satisfacción de estas bien puede constituirse en objetivos que impregnen las distintas áreas del currículo, estos son los O.F.T.

Al relacionar los contenidos de los distintos sectores formativos desde una perspectiva que integre lo transversal de una manera explícita y sistemática, se redimensionan las áreas curriculares contextualizándolas, dotándolas de un valor funcional que es evidenciado por los educandos, la cual es de primerísima importancia, ya que no hay que olvidar que los conocimientos son "útiles", valorados en cuanto tengan aplicabilidad real para ellos, ya sea a nivel teórico o práctico.

El planteamiento de estos ejes transversales se fundamenta en una educación integral, por ello la escuela no puede seguir posponiendo la dimensión afectiva y social de la persona, ya que el afecto, la emoción y la dimensión social también son componentes esenciales del ser humano.

AUTOESTIMA

Con respecto al crecimiento y autoafirmación personal, entre las actitudes que la Educación pretende desarrollar, se encuentra la **autoestima**. Ello es fundamental, ya que esta se sitúa en el contexto de todo el desarrollo afectivo de la persona.

Es de conocimiento general que, más allá de lo dicho, la autoestima influye decisivamente en el ámbito académico, condicionando el aprendizaje y, desde una perspectiva social, el respeto y aprecio hacia uno mismo es la base para relacionarse con el resto de las personas.

IMPORTANCIA DE LA AUTOESTIMA:

- Condiciona el aprendizaje
- Supera las dificultades personales
- Fundamenta la responsabilidad
- Apoya la creatividad
- Determina la autonomía personal
- Posibilita una relación social saludable
- Garantiza la proyección futura de la persona

¿Qué es la autoestima?

Según José Antonio Alcántara (1990), la autoestima es, *ante todo, una actitud hacia uno mismo. Como tal, es la forma habitual de pensar, amar, sentir y comportarse consigo mismo.*

Nathaniel Branden (1995) entiende la autoestima como la experiencia de ser aptos para la vida y sus requerimientos. Más concretamente, afirma que consiste en:

- La confianza en nuestra capacidad de afrontar los desafíos de la vida.
- La confianza en nuestro derecho a ser felices, el sentimiento de ser dignos, de merecer, de tener derecho a afirmar nuestras necesidades y a gozar de los frutos de nuestros esfuerzos.

La **autoestima** es, ante todo, una **actitud**. Según César Coll (1992), las actitudes son: *tendencias a evaluar de un modo determinado un objeto, persona, suceso o situación y a actuar en consonancia con dicha evaluación.*

Las actitudes se caracterizan por referirse a algo, ser duraderas, producto del aprendizaje, ser susceptibles de modificación y traducirse necesariamente en conductas. Poseen un elemento cognitivo, una fuerte carga emocional y valorativa, además de un elemento conductual.

Si la autoestima es una actitud, entonces tres serían sus componentes:

- **Componente cognitivo**: implica ideas, opiniones, creencias y percepciones que tenemos de nosotros mismos.
- **Componente afectivo**: esta dimensión conlleva la valoración de lo que en nosotros hay de positivo y de negativo; es sentirse a gusto o disgusto consigo mismo.
- **Componente conductual**: intención y decisión de actuar en concordancia con lo anterior; implica la búsqueda de consideración y reconocimiento por parte de los demás.

¿Cómo educar la autoestima?

A la hora de pensar o de formular un programa de educación de la autoestima en nuestros estudiantes, debemos considerar que esta tiene dos orígenes:

a) La propia observación de uno mismo en base de una serie de sucesivas autoevaluaciones.

b) La asimilación e interiorización de la imagen y opinión que los demás tienen y proyectan de nosotros, especialmente quienes más nos importan: papás, profesores, amigos (los otros significativos).

Al conocer dichos orígenes comprendemos que, para que un programa sea realmente eficaz, tiene que integrarlos de manera necesaria.

Propuesta transversal para fortalecer la autoestima.

A continuación presentamos una propuesta de trabajo para fortalecer la autoestima a través de dramatizaciones. Dicha propuesta tiene cabida al interior del sistema como **Actividad Especial** o como **Unidad de Orientación** dentro del trabajo de **Jefatura de Curso**.

La Pedagogía Teatral aparece como una herramienta de especial relevancia, ya que, a través de juegos dramáticos, improvisaciones y dramatizaciones, trabajamos con los tres componentes de la autoestima simultáneamente.

Las actividades que se desarrollan en este programa incluyen no solo ejercicios de expresión, sensibilización y creatividad corporal, sino también las relaciones interpersonales, el trabajo en equipo, la creatividad y el espíritu crítico.

<table>
<tr><th>Actividad</th><th>Objetivo</th></tr>
<tr><td>a) “El tiempo es oro”</td><td>Reconocer semejanzas y diferencias individuales</td></tr>
<tr><td colspan="2">El facilitador se sienta con los alumnos en círculo. Le pide a un integrante que se ponga al centro y se describa a sí mismo en diez segundos cronometrados. Después el grupo se dispersa, caminando o siguiendo el ritmo del pandero, el facilitador pide agruparse según semejanzas extraídas del juego anterior.</td></tr>
<tr><td>b) “Si fuera, qué sería”</td><td>Darme a conocer a los demás</td></tr>
<tr><td colspan="2">El facilitador en primera instancia sugiere consignas grupales, en las que invita a imaginar y a representar, por ejemplo un animal, diciendo: “Si fuera un animal, ¿qué animal sería?” pensando en aquello que mejor lo representa.

Posteriormente cada integrante escoge libremente aquello que sería y lo presenta corporizándolo ante el grupo, tras lo cual explica el porqué de su elección.</td></tr>
</table>

<table>
<tr><td>c) “Retratos y autorretratos”</td><td>Contrastar la imagen que tengo de mí con la que de mí tienen los demás</td></tr>
<tr><td colspan="2">En parejas, A buscará un gesto que refleje una actitud representativa de sí mismo, B la reproducirá como si fuera un espejo, y viceversa. Luego B modelará a A un gesto que denote una actitud recurrente en A y viceversa. Finalmente, a petición del facilitador, el grupo formará una escultura colectiva de gestos y actitudes de A, siendo A solo observador.</td></tr>
<tr><td>d) “La etiqueta”</td><td>Comprender que los prejuicios no nos dejan ser nosotros mismos.</td></tr>
<tr><td colspan="2">Si el número de integrantes lo permite, a cada integrante se le pone una etiqueta o cartel en la espalda sin que sepa qué dice. El facilitador le dará una orden que debe tratar de cumplir. El contenido de la etiqueta se contrapone a su misión.</td></tr>
</table>

Ejemplo de Valoración Perceptual a nivel individual:

- “Dar y recibir aprecio”
- Objetivos:
  - Desarrollar la capacidad de autovaloración
  - Crear sentimientos positivos dentro del grupo
  - Valorar la experiencia vivenciada
- Procedimiento: El pedagogo explica que “el ejercicio pretende que expresen lo que les gusta de cada uno de los integrantes del grupo y que tomen conciencia de lo que sienten mientras reciben las diversas opiniones”. Se invita a los integrantes a que se coloquen sentados frente a frente, formando dos hileras.

  Se nombran las filas A y B, A tiene que expresar las características positivas que ve en B, durante un minuto. Se le pide a A que guarde silencio y que mantenga la mirada en B. Esto transcurre en forma simultánea en cada una de las parejas. Después de un minuto el facilitador da una señal y se invierten los roles entre A y B. Luego de otro minuto, se da una nueva señal y la fila A avanza un lugar. Se repite el ejercicio hasta llegar al lugar de inicio. Finalmente, se realiza una ronda de comentarios grupales.

Bibliografía

Alcántara, José Antonio (1990) *Cómo educar la autoestima*. Ediciones CEAC, S.A. Barcelona.

Branden, Nathaniel (1995) *El poder de la autoestima: cómo potenciar este importante recurso psicológico*. Editorial Paidós SAICF. Buenos Aires.

Coll, César y cols. (1992) *Los Contenidos en la Reforma. Enseñanza y Aprendizaje de Conceptos, Procedimientos y Actitudes*. Editorial Santillana. Aula XXI, Barcelona.

García-Huidobro, Verónica (1996) *Manual de Pedagogía Teatral*. Editorial Los Andes. Santiago de Chile.

Ivern, Alberto (1995) *¿A qué Jugamos?* Editorial Bonum. Buenos Aires.

Ministerio de Educación (1997) *Objetivos, Fundamentales y Contenidos Mínimos Obligatorios de la Educación Media*. Santiago de Chile.

Pope, Alice; Mc Hale, Susan y Craighead, Edward (1996) *Mejora de la Autoestima: Técnicas para Niños y Adolescentes*. Ediciones Martínez Roca S.A. Barcelona.

VerLee, Linda (1986) *Aprender con todo el Cerebro*. Editorial Martínez Roca. Barcelona.

ANEXO 2: SECTORES CURRICULARES

LENGUAJE Y COMUNICACIÓN I

Docente: **Liliana I. Ponce Palma**
Licenciada en Educación, Pontificia Universidad Católica de Chile
Pedagoga Teatral, Diplomado de Pedagogía Teatral U.C.
Asistencia Pedagógica, Compañía La Balanza

INTRODUCCIÓN

El componente "comunicación" encuentra una importante expresión dentro de los lineamientos de la Reforma, es más, se señala que lo deseable es que los estudiantes valoren el lenguaje y la comunicación como instrumentos tanto de crecimiento personal, como de participación social.

Con respecto a la asignatura tradicional de Castellano, esta se ve afectada al introducir en ella la estimulación y el perfeccionamiento de las **habilidades comunicativas** de los estudiantes.

Incluir como objetivo el desarrollo de habilidades de comunicación, es una manera de atender al enriquecimiento de las experiencias de aprendizaje que se ofrecen a los estudiantes, en ello se refleja un nuevo referente "que en términos simplificadores, pero válidos se puede caracterizar como: de la universidad a desempeños prácticos en la vida de las personas y sus requerimientos formativos (prosigan o no estudios en la educación superior)" el sentido que esto tiene es "ofrecer la mejor preparación para actuar en situaciones de la vida real, y no en función de la acumulación de conocimientos" (Ministerio de Educación, 1997: 24).

Este cambio no implica dejar de lado contenidos teóricos necesarios para la formación del intelecto o la integración cultural, sino vitalizar estos contenidos de modo que guarden relación con las formas, problemas y desafíos de nuestro vivir en sociedad.

Es importante destacar que, desde siempre, la comunicación ha sido una necesidad en la actividad del ser humano y de la sociedad. Sin embargo, no hay consenso a la hora de definirla. Comenzaremos entonces por su significado etimológico: la palabra comunicación proviene del vocablo latino *comunicare*, que significa "acción de poner en común", de tal modo que se reconoce aquí su carácter de interrelación. Esta se presenta como parte relevante del sistema de relaciones sociales sobre el cual se apoya la convivencia. A continuación se presentan distintas definiciones del término:

a) Aristóteles definió el estudio de la retórica como "la búsqueda de todos los medios de persuasión que tenemos a nuestro alcance" (Berlo, David. *El Proceso de la Comunicación*. Pág. 7. Año 7)

b) "Comunicar consiste en participar el conocimiento y la experiencia" (Guajardo, Horacio. *Teoría de la Comunicación Social*. Pág. 30).

c) "Comunicación es el proceso de interrelación humana que se realiza mediante el uso de signos, generalmente en forma de códigos" (Díaz, Juan. *Planificación y Comunicación*. Pág. 30).

d) "Por comunicación se entiende la transmisión de información de un lugar a otro" (Berelson, Bernard. *Reader in Public Opinion*. Pág. 147).

e) "Una de las definiciones más funcionales la describen como la transmisión de valores sociales" (Cherry, Colin. *World Communication*. Pág. 19).

f) "Transmisión de información, ideas, emociones, habilidades, etc., mediante símbolos, palabras, imágenes, cifras, gráficos, etc. El acto de transmisión" (Hiebert, Ray. *Mass Media*. Pág. 16).

g) "El proceso de transmitir mensajes de una fuente a un receptor, o sea que la comunicación es transferir ideas a fin de modificar la conducta de un receptor" (Blake, Reed. *Una Taxonomía de Conceptos de la Comunicación*. Pág. 3).

No cabe duda que es muy diversa la manera de definir este concepto, pero conviene advertir los distintos puntos de vista para obtener una idea general del término y conformar una definición que una los conceptos clave dados por los distintos autores.

El elemento común de todas las definiciones anteriores es que la comunicación nos pone en relación con el mundo, con los demás y con nosotros mismos, pues somos tan solo lo que comunicamos a los demás por medio de palabras, gestos, posturas, parpadeos. Lo que captamos de los otros es lo que comunican voluntaria o involuntariamente. La comunicación, entonces, se presenta como parte esencial del sistema de relaciones sociales sobre el cual se apoya la convivencia.

Reflexión Metacomunicativa

En la Reforma Educacional se pone el acento en el concepto de la comunicación como un proceso social de permanente y mutua interacción entre palabras, gestos, miradas, movimientos, espacios personales y situacionales. No se trata de analizarla estableciendo una división tajante entre comunicación verbal y no verbal, ya que la comunicación es un todo integrado en el que tienen lugar múltiples interrelaciones.

Pensar la comunicación como la corriente de información entre un emisor y un receptor, o viceversa, es simplificar excesivamente una realidad mucho más compleja. Si bien este esquema es útil para la comunicación entre máquinas o para las telecomunicaciones, no sirve para describir la complejidad de la comunicación humana.

Algunos aspectos a considerar son los siguientes:

- No se puede dejar de comunicar en la interacción social humana. Todos nos comunicamos constantemente. Dejar de comunicar es algo que tiene un significado y es interpelado como tal. Se han realizado experiencias de privación de comunicación colocando a dos personas en una habitación con el propósito de no interaccionar. Aunque no hablaran, sus cuerpos no podían pasarse por alto, hay determinados signos de tensión o de estrés que produce la incomunicación forzada.
- En toda comunicación podemos distinguir entre *contenido y relación*. El contenido es la información que se quiere transmitir, pero esto va acompañado de una actitud sobre lo que se dice.
- En la comunicación presencial entre personas se utilizan *códigos arbitrarios o códigos motivados*. Unos y otros se refuerzan y se complementan mutuamente. Los códigos arbitrarios o puramente convencionales (como el código lingüístico) no son suficientes y necesitan apoyarse en imágenes, gestos, movimientos, con lo cual la comunicación se enriquece. Sin embargo, el código analógico es ambiguo: las lágrimas pueden indicar emoción, alegría, pena, etc. En este caso, el código arbitrario contribuye a precisar la emoción: "lloro de alegría".
- Las relaciones de comunicación se dan entre iguales, compañeros, hermanos, colegas, etc. de forma *simétrica*; o entre desiguales: jefe y empleado, profesor y estudiante, por ejemplo, de manera *asimétrica*. El paso de una situación de comunicación a otra (de la asimetría a la simetría o viceversa) puede ser terapéutico, para poder apreciar el punto de vista del otro. Cuando nos comunicamos con los otros proyectamos la imagen afectiva que tenemos de ellos y al mismo tiempo percibimos de los demás la imagen con que se nos percibe.
- Para llegar a ser un buen comunicador hay que entender que gran parte de nuestros mensajes se vehiculan por vía no lingüística, por lo tanto, hay que ser claros y comprensibles en la exposición de nuestras ideas y tener siempre en cuenta la situación y las opiniones del otro.
- Mediante el código lingüístico podemos, además, situarnos en un segundo nivel de comunicación: la metacomunicación; esta nos permite comentar el significado profundo, la intención, el valor, etc., de los actos de comunicación.

Resumiendo lo anterior, podríamos decir:

a) No es posible dejar de comunicarse

b) La comunicación es un proceso en el que los interlocutores participan. El individuo no es el autor de la comunicación, sino que participa de ella.

   La comunicación es una relación de intercambio de significados.

Sin darnos cuenta, nos hemos introducido en un terreno considerado dentro de los **O.F.T.**, ya que las habilidades comunicativas se encuentran insertas en lo que se conoce como **Habilidades Sociales**, las que, a su vez, toman en cuenta la etapa de desarrollo de los estudiantes. Es el momento de tomar conciencia de este hecho e incluirlas de modo explícito en el trabajo pedagógico.

Como una manera de incorporar los O.F.T. al quehacer en el aula de una manera secuenciada, presento una división en tres etapas del mismo, la que corresponde a una adaptación del modelo elaborado por María Dolz R. y P. Pérez E. (Dolz y Pérez, 1994: 21).

Hemos reunido tres factores: Sector Curricular / O.F.T. / Teatro y/o Expresión Dramática. El Teatro y/o la Expresión Dramática, como metodología activa al servicio de los distintos sectores curriculares, brinda en este caso múltiples posibilidades, ya que en el acto teatral la comunicación o incomunicación se hace carne.

Quizá la mayor riqueza que esta actividad puede aportar, es valorar desde una dimensión vivencial contenidos que tradicionalmente han sido tratados de manera abstracta; al abordarlos vivencialmente, logramos aunar tres dimensiones: **cognitiva** (creencias, conceptos), **afectiva** y **conductual**, alcanzando con ello aprendizajes más profundos, significativos e integrales.

Propuesta de trabajo

Objetivo Transversal: Desarrollar Habilidades Sociales

Objetivo del Sector: Desarrollar Habilidades de Comunicación

Objetivo del Subsector: Reconocer ruidos o barreras existentes en la comunicación

Objetivo de la Unidad: Identificar distintas situaciones en que tales barreras se presentan alterando tanto la emisión como la recepción del mensaje.

Primera Sesión (1ª Etapa: Comprensión Crítica)

OBJETIVO:

- Observar el entorno social a fin de evidenciar la relevancia de la problemática.
- Conocer las distintas barreras que interfieren una posible comunicación.
- Generar una actitud activa para la superación de las dificultades en la comunicación.

CONTENIDO:

- Ruidos o barreras presentes en la comunicación.
- El gesto como un medio de comunicación no verbal, vehículo de expresión de sentimientos.

DESARROLLO:

- División del curso en grupos de tres o cuatro personas. (Como prerrequisito, cada grupo realiza en forma previa una observación —ya sea en el colegio/liceo o fuera de éste— de distintas situaciones en que lo que se quiere comunicar a través del lenguaje verbal sea dificultado o interferido por las barreras).
- **Dramatización** de dos observaciones por grupo.
- Con posterioridad a las presentaciones de cada grupo, el curso en su totalidad identifica qué aspecto específico produjo la barrera y cuál fue la reacción de los participantes ante el conflicto.

Segunda Sesión (2ª Etapa: Reflexión a partir de un texto)

OBJETIVO:

- Relacionar explícitamente contenidos del subsector con la experiencia vivida en la sesión anterior.
- Sistematizar y ampliar los contenidos vistos en la sesión anterior.
- Aplicar estrategias de lectura comprensiva.
- Elaborar un mapa conceptual a partir del texto.
- Identificar tres actitudes existentes ante un conflicto.

CONTENIDO:

- Distintos tipos de barreras existentes.
- Actitudes ante un conflicto.

DESARROLLO:

- En forma individual, los estudiantes leen el texto, aplicando estrategias de lectura comprensiva.
- En parejas elaboran un mapa conceptual a partir del texto.
- Puesta en común.

Barreras de la Comunicación:

La comunicación se puede entender como el proceso a través del cual unas personas hacen partícipes a otras de aquello que hacen, sienten o piensan, lo que supone un intercambio de información.

En el proceso de comunicación existen perturbaciones que no permiten que dicho proceso se realice naturalmente. A estas perturbaciones se les conoce con el nombre de **ruido**, factor que afecta la nitidez del mensaje, o sea su fidelidad. Es imprescindible indicar que el ruido afecta por igual a cualquiera de los elementos de este proceso.

El ruido es *físico* si interviene como agente externo. Por ejemplo, cuando dos personas están conversando y existe mucho bullicio en su entorno, una cafetería muy ruidosa, la vía pública, una fiesta, etc.

El ruido es *fisiológico* cuando hay un problema en el habla del emisor o en el oído del receptor y demás sentidos. Por ejemplo, una persona que no oye bien y otra que tartamudea, es gangosa, etc.

El ruido es *psicológico* cuando intervienen condiciones internas del individuo que participa en el acto comunicativo. Por ejemplo, alguien que está sumamente triste escucha un mensaje y lo percibe de modo negativo. Modifica la manera de captar los mensajes debido a su situación psicológica.

El ruido es *semántico* cuando el significado de una palabra o frase es distinto para el emisor que para el receptor. Por ejemplo, hay lugares en que, cuando una persona pide a otra que lo lleve en su vehículo, le dice: "Dame un aventón". Esta expresión, para quien la desconoce, puede significar algo muy distinto.

El ruido es *técnico* cuando en el proceso participan aparatos que interfieren en la claridad del mensaje. Por ejemplo, una comunicación por teléfono defectuosa o un radio con interferencia.

(Documento adaptado de
Manual de Comunicación Oral. Héctor Maldonado, 1997)

Las dificultades para comunicarnos o las incomunicaciones pueden ser fuente de muchos **conflictos** y malentendidos. Ante ellos siempre adoptamos una de las siguientes actitudes:

- **Pasiva**: la persona no expresa lo que siente frente a la situación, luego se siente frustrada.
- **Agresiva**: la persona interviene directamente en la situación buscando modificarla, expresa sus emociones, pero esto le crea muchos conflictos en sus relaciones sociales.
- **Asertiva**: es la actitud óptima, porque en ella la persona interviene en la situación modificándola, pero lo hace tomando cierta distancia. Permite expresar las emociones, modificando la situación favorablemente, pero sin dañar las relaciones sociales, sino incrementándolas.

Y tú ¿ cómo solucionas tus problemas de incomunicación?

Tercera Sesión (3ª Etapa: Asumir una postura)

OBJETIVO:

- Propiciar una toma de postura y un cambio conductual en torno a la problemática planteada en la primera sesión.
- Desarrollar la capacidad de comunicarse en forma efectiva.
- Ejercitar distintas actitudes frente a un conflicto en el marco de las Habilidades Sociales.

CONTENIDO:

- Elementos no verbales intervinientes en la comunicación verbal.
- Actitudes ante un conflicto.

DESARROLLO:

- Cada grupo presenta a través de una dramatización dos vías de solución del conflicto presentado en la primera sesión.

Estas presentaciones tendrán como requisito esencial:

a) La persona afectada —emisor o receptor—, constatando el conflicto, asumirá en forma secuenciada las tres actitudes vistas ante un conflicto.

b) Presentar la comunicación lograda eficazmente sin la interferencia detectada.

Valoración

Se sugiere emplear la **valoración calificativa** referida al dominio de contenidos por parte de los estudiantes de acuerdo a los siguientes criterios:

- Dramatizaciones surgidas de las observaciones se ajustan a los requerimientos del trabajo.
- Claridad y comprensión de los conceptos en el mapa conceptual.
- Clara proyección de las tres formas de resolución de conflictos en las dramatizaciones.
- Calidad y rigor en el trabajo presentado.

En relación a la labor del facilitador, se aconseja utilizar la **valoración conceptual**: Muchísimo / Bastante / Poco / Nada, por ejemplo.

- La metodología empleada favoreció mi comprensión y dominio de contenidos
- El clima de trabajo creado por el profesor fomentó la participación
- El trabajo me propuso desafíos
- Los temas propuestos son relevantes

Bibliografía

Barthes, Roland (1991) *El susurro del Lenguaje*. Paidós Comunicación. Barcelona. España.

Bruner, J. (1984) *Acción, Pensamiento y Lenguaje*. Editorial Alianza. Madrid. España.

Cerezo, Manuel (1994) *Texto, Contexto y Situación*. Ediciones Octaedro. Madrid. España.

Dolz, M. y Pérez, P. (1994) *El trabajo en el aula*. Cuadernos de Pedagogía N° 227. Barcelona. España.

Domínguez, T. y otros. (1996) *Comportamientos no violentos: Propuestas Interdisciplinares para construir la Paz*. Narcea, S.A. Ediciones. Madrid. España.

García - Huidobro, Verónica (1996) *Manual de Pedagogía Teatral*. Editorial Los Andes. Santiago de Chile.

González-Lucini, F. (1994) *Temas Transversales y Educación en Valores*. Colección Hacer Reforma. Editorial Alauda-Anaya. Madrid. España.

Ministerio de Educación (1997) *Objetivos Fundamentales y Contenidos Mínimos Obligatorios de la Educación Media*. Santiago de Chile.

Maldonado, Héctor (2000) *Manual de Comunicación Oral*. Editoral Alhambra Mexicana. Ciudad de México. México.

LENGUAJE Y COMUNICACIÓN II

Docente: Catalina Prieto Zañartu
Profesora de Castellano, Pontificia Universidad Católica de Chile
Licenciada en Estética, Pontificia Universidad Católica de Chile
Pedagoga Teatral, Diplomado de Pedagogía Teatral U.C.

INTRODUCCIÓN

La orientación curricular propuesta por la Reforma con relación al Subsector de Lengua Castellana y Comunicación, está enfocada para guiar el proceso de aprendizaje en el ámbito de los conocimientos y competencias relativas al lenguaje desde lo más privado y simple hasta lo más público y complejo, poniendo especial énfasis en la efectiva asimilación de habilidades y conceptos operacionales que intervienen en el acto comunicativo.

Con relación al ámbito literario, la orientación curricular busca fortalecer el interés y gusto por la lectura reconociendo en ella una experiencia de formación y crecimiento personal, de conocimiento y comprensión de sí mismos, del mundo y una valoración de la literatura como un arte construido por el lenguaje en una función poética, distinta de la función operacional corriente del lenguaje.

Dado que los ejes del Subsector de Lengua Castellana y Comunicación apelan tanto al mundo personal y afectivo de los estudiantes (vinculación de la literatura con el mundo) como a las habilidades sociales y comunicacionales de estos (competencia comunicacional), la relación que se gesta entre dicho Subsector y la Pedagogía Teatral se configura como un camino metodológico de gran eficacia y sentido, al ser esta última una "metodología activa que trabaja con todo lo relacionado con el mundo afectivo de la persona cuyo recurso educativo fundamental es el juego dramático" (García-Huidobro, Verónica, *Manual de Pedagogía Teatral,* 1996), y al colaborar en el desarrollo de las capacidades personales en pos de una eficaz integración social.

Para los profesores de este subsector, el encuentro con el **teatro**, en su versión textual (como creación de lenguaje) aparece como **Contenido Mínimo Obligatorio** del área de literatura. Dicha inclusión posibilita al profesor para potenciar por una parte los propios recursos del teatro, como el juego dramático, las improvisaciones, los juegos de roles, la producción de textos dialogados, lecturas dramatizadas, etc., y por otra, potenciar la comprensión y el gusto por las obras teatrales escogidas según el nivel de enseñanza.

Así, los estudiantes tienen la oportunidad de vivenciar activamente mediante puestas en escena (dramatizaciones) los lenguajes propios del teatro (corporalidad: cuerpo, voz y emoción), lenguajes que desarrollan las habilidades comunicacionales, y de experimentar un trabajo de análisis literario en el cual se aproximarán a la visión de mundo comunicada en los textos teatrales.

El siguiente módulo está diseñado para trabajar los O.F.T. de 1er Año Medio:

- Reconocer, en las situaciones comunicativas y en los mensajes, los factores y elementos que influyen en la eficacia de la comunicación, utilizarlos adecuadamente, y
- Reconocer y utilizar con propiedad los elementos paraverbales y no verbales que se emplean habitualmente en la interacción informativa verbal.

ACTIVIDAD 1

OBJETIVO:

Reconocer y utilizar con propiedad los elementos paraverbales y no verbales que se emplean habitualmente en la interacción informativa verbal.

CONTENIDOS:

Elementos paraverbales en la comunicación oral y escrita.

Comunicación oral: entonación, énfasis, pausas, matices, texturas.

Comunicación escrita: signos de puntuación (punto aparte, punto seguido, punto y coma, coma, puntos suspensivos, comillas, signos de interrogación y de exclamación); tipos de letra (normal, cursiva, negrita, subrayado).

METODOLOGÍA:

Improvisación y Dramatización. División en dos grupos de trabajo. A cada grupo se les propone improvisar y/o dramatizar una situación tomada de la experiencia cotidiana en la que, por medio del uso de **las entonaciones, los énfasis y las pausas** adecuadas, se manifiestan en el diálogo diversas emociones que se relacionan con los elementos paraverbales de la comunicación oral (por ejemplo: duda, sorpresa, ironía, rechazo, súplica, comicidad, ansiedad) de modo que los compañeros puedan identificarlas acertadamente. Luego, cada grupo presentará su dramatización y el resto del curso, una vez identificada la emoción principal, propondrá uno o dos títulos a la escena vista. Dichos títulos serán escritos en la pizarra y contendrán los **signos de puntuación** pertinentes y el **tipo de letra** apropiados para la escena.

Es importante recalcar que lo afectivo apoya los signos de puntuación; es partiendo de la emoción con que el emisor comunica sus mensajes que la puntuación se concreta y cobra sentido. Como ejemplo de esto, el cuento de Julio Cortázar "No se culpe a nadie", es un ejemplo clarísimo donde el contenido del relato va estrechamente ligado a la forma en la cual está escrito el texto: el argumento se trata de cómo un hombre termina asfixiándose al intentar ponerse un "pulóver". El texto comienza teniendo una puntuación correcta en términos de norma, y a medida que el personaje se va asfixiando, el texto comienza a prescindir de las comas, por lo tanto, quien lee el relato también se ahoga en medio de las frases sin pausa alguna.

VALORACIÓN (EVALUACIÓN):

Dado que el contenido de la actividad está presente en los Planes y Programas del Ministerio de Educación, tomaremos las sugerencias de evaluación contenidas en estos.

La evaluación se centrará, por una parte, en la capacidad del estudiante de identificar diferentes tipos de signos que participan en la comunicación habitual, reconociendo las funciones que cumplen en ella; y por la otra, en el desarrollo de la competencia interpretativa en las variadas modalidades de signos que contribuyen a la comunicación. Además, se tendrá permanentemente presente la necesidad de evaluar el desempeño de los estudiantes en cuanto a corrección ortográfica, pertinencia y amplitud léxica, coherencia semántica y cohesión gramatical, para diseñar módulos correctivos y de apoyo, en los casos que fuera necesario.

En síntesis, el profesor puede evaluar:

1. La capacidad de los estudiantes para identificar, en la comunicación oral, los diferentes elementos paraverbales (entonación, énfasis y pausas).
2. La capacidad de los estudiantes para transcribir, en la comunicación escrita, los elementos paraverbales de la comunicación oral (signos de puntuación y tipos de letra).
3. La distinción que los estudiantes pueden efectuar entre lenguajes no verbales y lenguajes verbales en diversas situaciones comunicativas.
4. El uso apropiado de gestos, posturas y distancias interpersonales en el desarrollo de la comunicación oral.
5. La capacidad de los estudiantes para verificar el grado de eficacia y las limitaciones de la comunicación no verbal en diversas situaciones.
6. La selección de códigos adecuados a interacciones y finalidades diversas, considerando códigos verbales y no verbales.

El siguiente módulo está diseñado para trabajar los O.F.T. de 2º Año Medio:

1. Apreciar el valor y la importancia de la literatura en la creación de mundos mediante el lenguaje, e identificar los elementos básicos que constituyen el mundo literario.

Del objetivo seleccionado se desprenden los siguientes contenidos:

- Situación de enunciación: funciones del lenguaje dentro de la cadena de comunicación.
- Funciones y géneros literarios: relación establecida entre la situación enunciativa y su vinculación con las diversas formas literarias.

ACTIVIDAD 2

OBJETIVO:

Reconocer en un texto dramático las diferentes funciones que adopta el discurso del personaje dependiendo de su intención comunicativa.

CONTENIDOS:

Funciones del lenguaje

Género literario: texto dramático

METODOLOGÍA:

Lectura dramatizada. División en grupos de trabajo. A cada grupo se les propone realizar una lectura dramatizada de la VII escena del Acto IV de "El avaro" de Molière.

A cada participante de un grupo le corresponderá leer un trozo del parlamento, poniendo especial cuidado en las diferentes emociones presentes en el lenguaje del personaje a lo largo de la escena, marcadas por los distintos tipos de letras (normal, negrita, cursiva).

Los distintos tipos de letras presentes en el texto apelan a diferentes funciones del lenguaje:

Tipo de letra normal: función emotiva del emisor, en este caso, el personaje Haragón, transmite su angustia por la pérdida del dinero.

Tipo de letra negrita: función referencial del discurso del personaje. En este episodio Haragón hace un verdadero elogio del dinero como criatura animada.

Tipo de letra cursiva: función apelativa del discurso del personaje Haragón, quién se dirige al público, lo implica, lo interpela, lo acusa, intentando lograr una acción de parte de él, como decirle quién es el ladrón o esperar que éste se delate.

A continuación se presenta un cuadro con las posibles vinculaciones entre las funciones del lenguaje y los géneros literarios:

Función lingüística	**Característica**	**Género**
Función Emotiva	Revela emociones del emisor	Lírico
Función Referencial	Informa sobre algo	Narrativo
Función Apelativa	Influye a los lectores y Virtuales espectadores	Dramático

Luego de realizar la lectura dramatizada del texto, el facilitador propone al grupo analizar en qué se basan los cambios percibidos en la lectura, orientando el análisis a los focos de atención que articula el texto dramático.

VALORACIÓN (EVALUACIÓN):

El profesor puede evaluar:

1. Capacidad del estudiante de identificar diferentes funciones que adopta el lenguaje en la comunicación tanto escrita como oral, reconociendo las características singulares de cada función comunicativa.
2. La capacidad de los estudiantes para identificar géneros literarios.
3. La capacidad de los estudiantes para identificar las funciones predominantes en los géneros literarios.
4. La capacidad de los estudiantes para aplicar, en la comunicación oral, los diferentes elementos paraverbales (entonación, énfasis y pausas).
5. El uso apropiado de gestos, posturas y distancias interpersonales en el desarrollo de la comunicación oral.

Bibliografía

Barthes, Roland (1991) *El susurro del Lenguaje*. Paidós Comunicación. Barcelona. España.

Bruner, J. (1984) *Acción, Pensamiento y Lenguaje*. Editorial Alianza. Madrid. España.

Cerezo, Manuel (1994) *Texto, Contexto y Situación*. Ediciones Octaedro. Madrid. España.

García-Huidobro, Verónica (1996) *Manual de Pedagogía Teatral*. Editorial Los Andes. Santiago de Chile.

González-Lucini, F. (1994) *Temas Transversales y Educación en Valores*. Colección Hacer Reforma. Editorial Alauda-Anaya. Madrid. España.

Ministerio de Educación (1997) *Objetivos Fundamentales y Contenidos Mínimos Obligatorios de la Educación Media*. Santiago de Chile.

Maldonado, Héctor (2000) *Manual de Comunicación Oral*. Editoral Alhambra Mexicana. Ciudad de México. México.

LENGUAJE Y COMUNICACIÓN III

Docente: Clara Enriqueta Estay Martínez
Licenciatura y Pedagogía en Castellano, Universidad Metropolitana de Ciencias de la Educación
Pedagoga Teatral, Diplomado de Pedagogía Teatral U.C.

SESIÓN DE EXPRESIÓN DRAMÁTICA

Tema: El Género Dramático

Preliminares: (8 minutos)

a) Responder a los sonidos dados: un sonido, correr; dos, saltar; tres, caminar.

b) Ejercicios de movimientos por niveles (bajo, medio, alto).

Nexo pedagógico: (5 minutos)

Como sabemos, el lenguaje sirve para comunicarnos: informar, describir, argumentar, exponer etc. Pero cuando el lenguaje tiene un objetivo artístico, distinguimos tres géneros literarios que son: el que narra o cuenta historias (GÉNERO NARRATIVO), el que expresa sentimientos (GÉNERO LÍRICO) y el que apela a otro ser a través del diálogo verbal o no verbal (GÉNERO DRÁMATICO).

Sensibilización: (8 minutos)

a) Respirar y caminar al ritmo de la música.

b) Detenerse y tomar de la mano al compañero más próximo. Cerrar los ojos y expresar un sentimiento a través de las manos.

Nexo pedagógico: (5 minutos)

Si bien el lenguaje verbal, básicamente el diálogo, juega un papel importante en el Género Dramático, el lenguaje no verbal también lo es. De hecho nos hemos comunicado a través de él en el ejercicio anterior. El lector, en la obra dramática, y el espectador, en la obra teatral, es apelado, se llama su atención, mediante la palabra, la voz, el movimiento, la caracterización de personajes, el gesto, la actitud, la escenografía, el vestuario, el maquillaje, la música y la iluminación.

En la obra teatral todo eso es visible, pero ¿qué pasa en la obra dramática? ¿cómo se muestran estos elementos? Exactamente, por medio de las acotaciones o del lenguaje acotacional, es decir, el conjunto de sugerencias e indicaciones que realiza un dramaturgo (autor) para orientar la puesta en escena.

Creatividad corporal: (5 minutos)

a) Imaginar que se es un personaje que transita por una plaza pública.

b) Intentar responderse las siguientes preguntas: ¿Quién es? ¿Cuál es su nombre, edad, ocupación? ¿Cómo actúa? ¿Qué rasgo lo caracteriza? ¿Qué conflicto tiene? ¿Por qué está en esa plaza?

Nexo pedagógico: (5 minutos)

Los personajes son fundamentales en el Género Dramático, ya que a través de sus acciones se nos muestra el mundo que habitan. Aquí no son necesarios los intermediarios como en el Género Narrativo lo es el Narrador, o en el Lírico lo es el Hablante Lírico. Estos personajes y sus acciones están vinculados a un conflicto o choque entre dos fuerzas opuestas, donde una de ellas debe vencer. (Ejemplo: El Príncipe Feliz de Oscar Wilde).

Creatividad vocal: (5 minutos)

a) Crear sonidos que manifiesten el conflicto o problemática del personaje que se interpretó en el ejercicio anterior.

Nexo pedagógico: (5 minutos)

En el teatro tradicional, la *acción dramática* es desarrollada progresivamente. Primero se realiza la *presentación* de los personajes; después se muestra el conflicto junto a las situaciones vividas por los personajes; luego se desarrolla, llegando a un punto máximo de tensión dramática denominado *clímax*; por último, éste se soluciona en el *desenlace*. Formalmente esta secuencia se denomina *estructura aristotélica*. Estos momentos corresponden a una división interna de la obra dramática, recibiendo el nombre de ACTOS. Los actos a su vez, están divididos en ESCENAS, las cuales están delimitadas por la entrada o salida de uno a más personajes.

Expresión: (30 minutos)

a) El curso se distribuye en grupos de seis estudiantes. Cada uno posee un personaje relativamente definido en los ejercicios anteriores. Ahora deberán improvisar una situación de acuerdo a una *circunstancia dada* que se sorteará:

- Un robo
- Un anciano que se desmaya
- Un charlatán dando un discurso
- Una noticia impactante
- Un parto en la vía pública
- Una broma televisiva
- Una llamada telefónica inesperada, etc.

b) Los grupos tienen entre 5 y 8 minutos para ponerse de acuerdo y luego mostrar su improvisación a sus compañeros.

Valoración: (20 minutos)

a) El curso se distribuye sentado en círculo. Se realiza la puesta en común considerando los contenidos más relevantes: ¿qué contenidos de Lenguaje y Comunicación aprendieron hoy?, ¿cómo se sintieron?, ¿qué fue lo más agradable?, ¿qué habrían cambiado de la sesión?

b) El curso se va poniendo de pie de uno en uno y giran en el círculo mirándose a los ojos y despidiéndose con un abrazo, hasta que lo realizan con todos sus compañeros.

Bibliografía

Dolz, M. y Pérez, P. (1994) *El trabajo en el aula*. Cuadernos de Pedagogía N° 227. Barcelona. España.

García-Huidobro, Verónica (1996) *Manual de Pedagogía Teatral*. Editorial Los Andes. Santiago de Chile.

Ministerio de Educación (1997) *Objetivos Fundamentales y Contenidos Mínimos Obligatorios de la Educación Media*. Santiago de Chile.

MATEMÁTICAS

Docente: Miguel Ángel Pinto Ortiz
Profesor Educación General Básica, Universidad Técnica del Estado
Actor, Pontificia Universidad Católica de Chile
Pedagogo Teatral, Diplomado de Pedagogía Teatral U.C.
Actor, Compañía La Balanza

INTRODUCCIÓN

La escuela como lugar de aprendizaje surge en el momento en el que el hombre no puede hacerse cargo de la educación de su hijo. Esto seguramente ocurre cuando sale de su casa-taller y deja de ser artesano (en el sentido medioeval de la palabra) para convertirse en un productor en serie. El hijo deja de ser aprendiz; la profesión no se hereda. El aprendizaje deja de ser una experiencia empírica.

Cuando un profesor debe enseñar a los hijos de los artesanos, comienza también la producción en serie de conocimientos.

Hasta entonces el tema era, por ejemplo: "24 clavos para cada par de zapatos, ¿ cuántos clavos para quince pares de zapatos?"

No había que "representar" nada. El problema era real. No obstante la escuela hoy se valida y justifica sin necesidad de mayor análisis, pero las experiencias que ocurren en su interior no siempre validan la escuela.

MARCO DE REFERENCIA

Las matemáticas representadas con semillas, con palitos de helados, con ábacos: con material concreto. Las matemáticas útiles como herramienta para resolver problemas concretos por medio de la razón.

La enseñanza de las matemáticas requiere de aportes creativos e innovadores. La Reforma Educacional en marcha hace un llamado preciso a los educadores: se necesitan aprendizajes de calidad, centrados en la experiencia de los estudiantes y considerando siempre que niños y adolescentes son, principalmente, acción. Se hace necesario favorecer la motivación del estudiante a actividades matemáticas y estas son relativas a la razón. Es decir, razonar por medio de la acción: de lo concreto a lo abstracto.

La Pedagogía Teatral ofrece un interesante marco para la enseñanza de las matemáticas: actuarlas, improvisarlas, dramatizarlas, representarlas, teatralizarlas. Habilitar el cuerpo del alumno y las relaciones entre ellos como instrumentos de aprendizaje. Así, tal como se manipulan semillas, ábacos o trozos de madera, manipular el propio cuerpo: ritmos, direcciones, agrupaciones, acción y no acción en forma intencionada.

El profesor como facilitador de experiencias corporales individuales y grupales que permitan ir de lo más concreto a lo abstracto, aprehender el razonamiento matemático. Es necesario establecer un puente sólido entre estas dos experiencias: actuar para razonar.

Preguntarse, por ejemplo, acerca de la representación de un ángulo extendido con un cuerpo extendido sobre el suelo. Cambiar de lugar cuerpos que representan números para pensar en la conmutatividad. Concebir al cero como un personaje con grandes contradicciones ya que representa nada, pero que al multiplicar a un compañero lo hace desaparecer y que al solo situarse a su derecha lo amplifica diez veces.

Una invitación para reflexionar activamente acerca de una alternativa más para resolver la difícil tarea de enseñar matemáticas y la más difícil aún de aprenderlas y aprehenderlas.

MATEMÁTICAS REPRESENTADAS

I. Lógica

1. **Clasificación**
   - 1.1. Con un criterio:
     invitar a los estudiantes a agruparse:
     a. los del 5º básico
     b. los varones
     c. las niñas
     d. los altos, etc.
   - 1.2. Con dos o más criterios:
     invitar a los estudiantes a agruparse:
     a. las niñas nacidas en primavera
     b. los varones de signo virgo
     c. niñas y niños nacidos en otoño y que son del Colo-Colo
     d. niñas y niños nacidos en verano
     e. invitar a que los niños intenten inventar otras combinaciones de criterios al modo de "Simón Manda".
2. **Negación de proposiciones**
   - 2.1. Con un criterio: invitar a los estudiantes a agruparse:

a. los no rubios
b. los que no son de la U.C.
c. los no varones
d. las no damas
e. invitar a crear otras formas de agruparse por negación de proposiciones.

2.2. Con dos o más criterios: invitar a los estudiantes agruparse:
a. las sin 3 orejas ni 4 pies
b. las no varones no nacidas en junio
c. incentivar a los estudiantes a jugar con otras formas de clasificación y de agrupación por negación de proposiciones.

2.3. Problemas:
resolver representando:
1. ¿Qué es más barato, invitar a un amigo al futbol dos veces o invitar a dos amigos una vez?
2. Un campesino tiene tres montones grandes de heno. Otro campesino tiene seis montones chicos y un tercer campesino tiene cuatro montones medianos. Si deciden juntar lo que tienen, ¿cuántos montones habrá?
3. Usted tiene una canasta con tres manzanas, ¿cómo hará para darle a tres niños una manzana a cada uno y que quede una manzana en la canasta?

II. Orientación

1. **En el espacio**:
Juegos individuales y colectivos siguiendo, por ejemplo, las siguientes instrucciones:
Caminar o correr o girar o mirar o apuntar hacia:
1. lugares reales y cercanos en la escuela
2. lugares reales y cercanos fuera de la escuela
3. lugares reales y lejanos fuera de la escuela
4. referentes únicos (ciudades, países, lugares geográficos)
5. puntos cardinales
6. combinación de puntos cardinales (intercalar con lugares subjetivos: la risa, la pena, el chiste, el amor, etc.)

2. **En el tiempo**:
Juegos individuales y colectivos representando relojes, por ejemplo, el brazo izquierdo es el horario y el derecho es minutero, pedirles que representen distintas horas del día.

III. Valor Posicional

a. Entregar verbalmente roles a los estudiantes: "tú vas a ser la unidad", "tú, la decena", "tú la centena", etc.
b. Pedirles que escriban carteles que los identifiquen ("Yo soy la unidad", "Yo soy la decena").
c. Pedirles que se ordenen libremente.
d. Pedirles que se ordenen teniendo como referente a uno, dos o más.
e. Entregar a un estudiante un cartel con un dígito (0 al 9) y pedirle que se ponga delante de las unidades o las decenas o las centenas, etc. Preguntarle a él y a otros niños ¿cuánto vale en esa posición?, ¿y en esta otra?
f. Repetir el ejercicio con 2, 3 y más dígitos.
g. Invitar a los estudiantes a hacer proposiciones, juegos y plantear sus dudas en las representaciones.
h. Hacer preguntas acerca de cómo se leerían tales dígitos en tales posiciones y en tales otras (cambiando 2, 3 y más dígitos).

IV. Adición y Sustracción

4.1. ***"A cada adición le corresponden dos sustracciones"***

a. Formar grupos de 6 niños actores.
b. Repartir los siguientes roles: 3 dígitos o números (8, 12 y 4); 1 signo +; 1 signo –; 1 signo =.
c. Pedir a los niños que escriban en una hoja de oficio el rol que les tocó representar.
d. Pedirles que representen todas las posibilidades de operaciones verdaderas entre los roles asignados.
e. Pedir a los estudiantes-público que opinen, corrijan y dirijan esa y otras representaciones.

V. Relación entre multiplicación y división

5.1. ***"A cada multiplicación le corresponde una división"***

a. Repetir la asignación de roles del mismo modo que la adición y la sustracción.
b. Proponer actividades semejantes a las dadas en la adición y sustracción.

VI. Gráficos

a. Asignar roles a grupos de niños "Ustedes van a ser la lluvia".
b. Asignar roles dentro de ese grupo "tú vas a ser la lluvia de Arica; tú, la de Santiago; tú, la de Concepción", etc.

c. Pedirles que representen con su cuerpo el rol asignado.
d. Repetirlos con ejemplos tales como "producción de cobre y país"; "número de alumnos por curso"; "temperatura media y ciudad"; etc.
e. Ejercicios individuales graficando: "mis notas en cada asignatura" "mi edad en cada curso"
f. Instar a los demás estudiantes a dirigir, corregir y proponer otras representaciones.

VII. Coordenadas

a. Formadas grupos de niños y repartirles roles (por ejemplo tres frutas y tres cereales).
b. Diseñar una cuadrícula en el suelo y disponer el eje horizontal y el vertical.
c. Pedir a otros estudiantes que se pongan en el punto "cebada-pera","maíz-uva", etc.
d. Aumentar la dificultad.
e. Invitar a los estudiantes a jugar en estas coordenadas y a proponer otros casos: números-letras; vocales-consonantes; números pares-impares.
f. Esta actividad también se recomienda para contenidos como "Producto Cartesiano" y "Tabla Pitagórica".

EJEMPLO:

	Manzana	**Pera**	**Uva**
Maíz			
Trigo			
Cebada			

VIII. Fracciones

8.1. Concepto de fracción

a. Invitar al grupo-curso a dividirse en dos, tres, cuatro grupos, etc.
b. Nombrarlos y/o nombrarse como medios, tercios, cuartos, etc.
c. Proponer adiciones y sustracciones entre cuartos, tercios, medios, etc.

8.2. Concepto de fracciones infinitas entre dos puntos de la recta numérica

a. Pedir a distintos estudiantes caminar de mitad en mitad, de cuarto en cuarto, de tercio en tercio, etc., entre un punto y otro.
b. Reflexionar acerca de cuántos pasos se podrían dar antes de llegar a la meta propuesta.

IX. Mediciones

9.1. **"Medidas Arbitrarias"**

a. Medir distintas longitudes en cuartas, dedos, cuerpos, cabezas, etc.
b. Comparar las medidas realizadas.
c. Proponer otras formas de medir.

X. Propiedades de la adición

10.1. **Conmutatividad**:

a. Repartir roles según el siguiente diagrama:

4 + 8 = 12

Cada número o signo deberá corresponder a diferentes niños:
4 es niño a;
\+ es niño b;
8 es niño c;
= es niño d;
12 es niño e.

b. Invertir la posición de los niños a y c.
c. Repetir con otros dígitos y otros actores.
d. Incentivar la discusión.
e. Nombrarla como conmutatividad.
f. Sustituir al niño b por otro que represente el signo menos.
g. Intentar la conmutación.
h. Incentivar la discusión.
i. Conducir a conclusiones.

10.2. **Asociatividad**

a. Repartir roles según el siguiente diagrama

4 + (6 + 7) =

Cada número o signo debe ser asignado a un niño/a:
4 es niño a
\+ es niño b
(es niño c
6 es niño d
\+ es niño e
7 es niño f)
es niño g

b. Pedir a los estudiantes que están entre c y f, que resuelvan la adición y que, el resultado, lo sumen al niño a.
c. Pedir a los estudiantes c y f que cambien de lugar y repetir la operación nuevamente.
d. Proponer intentarlo con la sustracción.
e. Se puede aplicar a ejercicios combinados con paréntesis.

XI. Geometría

11.1. Concepto de punto (representación con pantomima).

11.2. Concepto de recta (representación con pantomima y luego con una cuerda).

11.3. A partir de la recta, representar sub-conjuntos de ellas (segmentos, rayas, semi-rectas, etc.)

11.4. Desplazamiento de la recta para dar origen al plano.

11.5. Desplazamiento y cambio de posición de planos para dar origen a los cuerpos.

11.6. Ángulos
   a. Asignar los siguientes roles:
      - un niño vértice A
      - un grupo de niños, la semirecta B
      - un grupo de niños, la semirecta C
   b. Definir ángulo operacionalmente.
   c. Invitar a construir con el vértice y las semirectas distintos ángulos.
   d. A partir de la experiencia se pueden deducir otras actividades para definir conceptos tales como: región angular, lados, ángulos complementarios, ángulos suplementarios, ángulos agudos, etc.

11.7. Figuras geométricas planas:
   a. Construir con los cuerpos figuras geométricas sobre el suelo.

11.8. Figuras geométricas en el espacio:
   a. Construir figuras tridimensionales con los cuerpos usados como línea.

Valoración Calificativa a nivel Personal y Grupal:

Nómina de los estudiantes (en sentido vertical)

1. ....
2. ....
3. .... etc.

Tabla de Cotejos (en sentido horizontal)

A nivel personal:

- Concepto
- Aplicación de conocimiento
- Capacidad de mostrar
- Capacidad de dar ejemplos
- Aplicación de conocimientos a situaciones nuevas

A nivel grupal:

- Capacidad de transmitir a otros
- Uso de utilería
- Integración grupal al trabajo
- Independencia de pensamiento para llegar al concepto

Para obtener la calificación se sugiere elaborar una tabla de símbolos que corresponderán, a su vez, a un porcentaje, el cual será finalmente traducido a una nota calificativa (Escala de 1.0 a 7.0).

Bibliografía

García-Huidobro, Verónica (1996) *Manual de Pedagogía Teatral*. Editorial Los Andes. Santiago de Chile.

Goleman, Daniel (1996) *La Inteligencia Emocional*. Javier Vergara Editor. Buenos Aires.

Introducción a Piaget (1982) *Pensamiento, Aprendizaje, Enseñanza*. Fondo Educativo Interamericano. México.

Lamar, Antonio (1983) *Juegos Mentales*. Grupo Editorial Limasa. México.

Matemáticas 4 (1997) *Edición para el profesor*. Santillana del Pacífico S.A. de Ediciones Santiago.

Müller, Robert (1990) *The great book of Math teachers*. Stearling Publishing Company. New York.

Verlee Williams, Linda (1986) *Aprender con todo el cerebro. Estrategias y modos de pensamiento: visual, metafórico y multisensorial*. Ediciones Martínez Roca S.A. Barcelona.

HISTORIA Y CIENCIAS SOCIALES

Docente: Ricardo Quiroga Cortés

Profesor de Historia y Geografía, Universidad Metropolitana de Ciencias de la Educación

Pedagogo Teatral, Diplomado de Pedagogía Teatral U.C.

Actor y Productor, Compañía La Balanza y Conjunto Calendamaia

INTRODUCCIÓN

La Reforma Educacional expresa el propósito del sector de la Historia y Ciencias Sociales, que es el desarrollar una comprensión del entorno social en que viven los estudiantes y así orientarlos a actuar en forma crítica y responsable en la sociedad, ayudándoles a entender su contexto —el mundo contemporáneo— y por ende a comprender mejor sus vidas con principios de solidaridad, pluralismo y valoración de la democracia.

El desarrollo de las habilidades es un objetivo fundamental no solo en la disciplina histórica sino en todos los ámbitos de la educación. En este sector curricular, estas tienen gran incidencia en el hecho de que los estudiantes pueden desarrollar una reflexión y espíritu crítico sobre los problemas sociales y los diversos hechos de la entidad humana que los ayuden a entender su contexto, debatiendo con argumentos y base, desarrollándose así un pensamiento autónomo y crítico (objetivo transversal).

Es de vital importancia que los estudiantes sean capaces de establecer relaciones que los ayuden a entender la complejidad social en la que se desenvuelven.

El teatro, como expresión artística, tiene una historicidad ya que el acto teatral en sí es una acción real que refleja a un grupo, su idiosincrasia o problemática, mostrando explícitamente la sociedad a través de una afirmación o negación. Dentro de esta característica del arte dramático, el rol del dramaturgo es fundamental ya que se encuentra frente a dos posibilidades:

La de generar una acción donde los personajes correspondan a un tipo general privándolos de toda historicidad, convirtiéndose así en un carácter, no perteneciendo a ninguna época o a ningún medio.

Por otro lado está la opción de ofrecer una representación históricamente exacta de los acontecimientos, transformándose así en un documento histórico, ya que está expuesto el punto de vista del dramaturgo frente a un hecho histórico. Brecht al respecto plantea: "...mostrar los acontecimientos y los hombres bajo su aspecto histórico, efímero..." (Brecht,1967: 302)

MARCO DE REFERENCIA

Dentro de las tendencias de la Pedagogía Teatral, se puede apreciar la historicidad en:

A. La **tendencia radical** donde los pedagogos teatrales son agentes de cambio de las sociedades y la historia, a través de la crítica o la reflexión crítica sobre los problemas sociales. No solo tiene como objetivo el entendimiento de estos, sino además lograr alguna innovación a partir de esta comprensión y análisis social.

B. La **tendencia del socialismo crítico**. Aquí el protagonista es colectivo —los estudiantes— quienes asumen el rol social y crítico que tiene el teatro.

Ambas tendencias se relacionan profundamente con la historia, entendiendo la última en su rol de análisis crítico de un pueblo, por medio del cual podemos apreciar de qué manera los hombres —sujetos de la historia— somos útiles a la entidad humana como "comunicadores sociales".

METODOLOGÍA ACTIVA

La historicidad teatral se inserta en la educación al interior del sistema, siendo una herramienta metodológica activa relacionada con el mundo afectivo de los estudiantes, ayudando así a desarrollar una vocación humana con principios de solidaridad, apuntando al desarrollo de la **autoestima** y de la **creatividad**, entendiendo esta última no como una propiedad únicamente de las áreas artísticas sino de todo el conocimiento, y un requisito esencial para el desarrollo de cualquier actividad posterior; y, por último, de la **capacidad o inteligencia de poder relacionarse socialmente con el medio** (inteligencia emocional).

Existen dos formas teatrales a través de las cuales podemos aumentar nuestros recursos metodológicos en esta asignatura; ellas son:

A. A través del empleo del texto teatral como documento histórico, donde los estudiantes analizan el contenido y el grado de confiabilidad del escrito, pudiendo ser una fuente secundaria o primaria.

B. En forma práctica. Aquí se utilizan técnicas teatrales como la dramatización de momentos históricos o la construcción de personajes representativos de épocas, ayudando con esto a comprender un lapso determinado en la historia.

Es importante recalcar, sobre todo en este último caso, que somos profesores y no actores; por ende el objetivo estético no es lo preponderante, sino el análisis y comprensión de un período.

ESTUDIO DE PERSONAJE

Se entiende por la construcción de personaje histórico el estudio de éste a través de una investigación a fondo, considerando su biografía, el contexto histórico y social en el que se desenvuelve, incluso el suelo que pisaba (geografía), iniciando este estudio en lo intelectual y concluyendo en lo emocional.

Una vez realizada esta investigación, el estudiante debe personificar al individuo escogido a través de un vestuario, cuerpo y voz determinada, encarnándolo y por ende comprendiendo su ideología y acciones.

A través de estas actividades, nosotros como facilitadores, somos guías del estudio realizado por los estudiantes y estos logran comprender, entender y analizar contenidos determinados en forma lúdica, en otras palabras, "aprendiendo a aprender".

VALORACIÓN Y EVALUACIÓN

Para este punto debemos tener conciencia de que nos enfrentamos a dos temas, los cuales se traducen en conductas, lo propiamente teatral estético y lo netamente histórico-contenidos.

Por esta razón no debemos olvidar que lo que estamos midiendo son contenidos dentro del subsector de las Ciencias Sociales y no conductas estéticas-teatrales. No obstante, debemos contemplar dentro del proceso evaluativo, la valoración del trabajo teatral realizado por los alumnos, proponiendo una tabla de cotejos a nivel perceptual, la que, según el criterio personal de cada facilitador/a, puede o no incidir porcentualmente en la nota final del trabajo.

Dentro de la evaluación debemos medir aquellos contenidos vistos en la unidad de aprendizaje correspondiente, no olvidando que el tema teatral está al servicio de los contenidos de Ciencias Sociales.

Para estos fines es necesario confeccionar una tabla de cotejos donde se contemplen ambas realidades expresadas en porcentajes, dándole así al tema histórico el mayor porcentaje.

Contenidos Específicos (algunos ejemplos)

A. El Texto Teatral, Documento Histórico

A.1 **Contenido:** **Historia de Chile**
El Ciclo del Salitre y la Cuestión Social

Dramaturgo: Antonio Acevedo Hernández

Obras y temática:

Almas perdidas: La vida de los conventillos

Por el atajo y la canción rota: Migración rural-urbana, la realidad del campesino y proletariado urbano

Los irredentos: Movimiento obrero urbano

Chañarcillo: Desarrollo y expansión minera en el norte de Chile

Dramaturgo: Hernán Rivera Letelier

Obra:

La Reina Isabel cantaba rancheras: Vida de las mujeres salitreras

A.2 **Contenido:** Historia Universal, Tiempos Modernos El Humanismo y el desarrollo del pensamiento científico

Dramaturgo: Bertold Brecht

Obra: *Proceso a Galileo*

A.3 **Contenido:** Los problemas del mundo adolescente contemporáneo

Dramaturga: Luna Del Canto

Obra: *A medio filo*

B. Dramatización-Estudio de Personajes

B.1 **Contenido**:

Las instituciones sociales no gubernamentales, sindicatos, clubes, juntas de vecinos, etc.

Metodología: dramatización

Preparación del trabajo:

I. Delimitación del tema: instituciones sociales, su funcionamiento.

II. División del curso en grupos de trabajo:
A cada grupo se le asigna una institución social, por lo que tendrán que estudiar sus características investigando en bibliotecas, realizando entrevistas, etc.

III. Entrega de un informe (borrador):
Los estudiantes deberán entregar un informe donde especifiquen las características de la institución asignada. Primero entregarán un borrador, en el que el facilitador/a (profesor/a) acotará las carencias u observaciones que estime pertinente para la entrega final.

IV. Descripción de la dramatización:
El facilitador/a entrega a cada grupo una situación imaginaria donde las distintas instituciones se unen para planificar y solucionar un problema de la comuna en que viven, realizándose una asamblea general donde cada uno planteará, desde su perspectiva, su opinión.

V. Presentación de la dramatización y entrega de informe final:
La situación descrita se llevará a cabo en un día posterior determinado cuando se presente la dramatización, siendo el facilitador un mero moderador. Cada grupo debe entregar un resumen de su investigación al resto de sus compañeros.

VI. Valoración y Evaluación.
Al terminar la dramatización se realiza una evaluación sumativa.

Calendarización:

I. Primera semana. Delimitación del tema.

II. Primera semana. División de los grupos.

III. Segunda semana. Entrega de borrador.

IV. Tercera semana. Descripción de la dramatización.

V. Cuarta semana. Presentación de la dramatización.

VI. Cuarta semana. Valoración y evaluación.

B.2 **Contenido:** Instituciones coloniales
Metodología: Dramatización, estudio de personaje

I. Delimitación del tema:
Consejo de Indias, Casa de Contratación, Real Audiencia y Cabildo.

II. División en grupo de trabajo:
A cada grupo se le asigna una institución, cuyo funcionamiento y rol de sus integrantes tendrá que investigar a través de un personaje que debe ser el representante máximo de dicha institución.

III. Entrega de borrador.

IV. Presentación de la dramatización e informe final:
Cada grupo presentará el organismo colonial asignado, a través de la personificación del representante de éste.

V. Valoración y Evaluación.

B.3 **Contenido:** La Revolución Francesa.

Metodología: Dramatización, estudio de personaje.

I. Delimitación del tema: Las distintas tendencias de la Revolución Francesa.

II. División de los grupos:
Se divide el curso en grupos, los que tendrán que investigar una tendencia de la Revolución (monárquicos constitucionales, girondinos, jacobinos, montañeses), a través de un personaje representativo que tendrán que personificar.

III. Entrega de borrador.

IV. Descripción de la dramatización:
Se recreará una escena de la Asamblea Legislativa donde los integrantes de los grupos formarán parte de la audiencia de dicha Asamblea. Un representante de cada grupo será el personaje histórico que debatirá en dicha convención.

V. Presentación de la dramatización y entrega del informe.

VI. Valoración y evaluación.

Pauta de Evaluación (tabla de cotejos)

Contenido: La Revolución Francesa. Las distintas tendencias políticas.

Metodología: Dramatización

Contenidos	25% 10 pts.
Dominio de contenidos	35% 14 pts.
Desplazamiento	5% 2 pts.

Escenografía	10% 4 pts.
Proyección vocal	10% 4 pts.
Canción	5% 2 pts.
Vestuario	10% 4 pts.
TOTAL	**100% 40 pts.**

Contenido: Los períodos de la Independencia. Patria Vieja.

Metodología: Dramatización

Contenidos	25% 10 pts.
Dominio de contenidos	35% 14 pts.
Escenografía	10% 4 pts.
Elementos de apoyo	5% 2 pts.
Orden y coherencia	5% 2 pts.
Proyección vocal	10% 4 pts.
Vestuario	10% 4 pts.
TOTAL	**100% 40 pts.**

Contenidos de La Patria Vieja

- Cabildo Abierto
- Integrantes
- Motivos (declaración)
- Obras
- Obras del Congreso
- Tendencias
- Dictadura de Carrera (objetivo, el porqué)
- Batallas
- Desastre de Rancagua

Bibliografía

García-Huidobro, Verónica (1996) *Manual de Pedagogía Teatral*. Editorial Los Andes. Santiago. Chile.

MINEDUC (1997) *Objetivos Fundamentales y Contenidos Mínimos Obligatorios de la Educación Media*. MINEDUC. Santiago. Chile.

Pavis Patrice, (1980) *Diccionario del Teatro*. Editorial Paídos. Ibérica. Barcelona.

Quiroga Cortés, Ricardo (1988) *El Despertar de Dionisios Criollo*. Memoria de Título. Universidad Metropolitana de Ciencias de la Educación. Santiago. Chile.

Stanislavsky, Constantin (1988) *Un actor se prepara*. Editorial Constancia. S.A. México.

ANEXO 3: PLAN DIFERENCIADO DE ARTES ESCÉNICAS (TEATRO Y DANZA) PARA TERCERO O CUARTO AÑO MEDIO

TEATRO

Docente: Luna Del Canto Fariña
Actriz y Dramaturga Teatro Escuela Imagen
Docente Universitaria UC y Teatro Escuela Imagen
Pedagoga Teatral, Diplomado de Pedagogía Teatral U.C.
Actriz y Dramaturgista, Compañía La Balanza

EDUCACIÓN NO FORMAL: EXTERIOR DEL SISTEMA EDUCATIVO

Taller de Teatro Extraprogramático

I. INTRODUCCIÓN

Desde los tiempos de la Grecia Antigua sabemos que el **Teatro** desempeña un importante papel en la sociedad. Entre los griegos la función del Teatro estaba centrada en su rol formador, teniendo como principal propósito volver más justas a las personas, más comprensivas, menos arrogantes y bélicas.

El Teatro con su gran capacidad expresiva, siempre ha sido un medio al servicio de la sociedad, un proyecto cultural que muestra, revela, ilumina y abre perspectivas.

El Teatro en su acción de representar, nos permite ser protagonistas y espectadores de la presentación de aspectos relevantes donde las personas y sus comunidades se pueden ver reflejadas y representadas.

La actividad teatral se constituye entonces en un valioso recurso para la sociedad, ya que nos permite contribuir a la formación de mejores personas, donde su accionar se vuelva un instrumento útil para su entorno.

La experiencia viva y presente de "actuar" se convierte instantáneamente en un medio al servicio del desarrollo de la personalidad. Porque al estimular la capacidad de expresión se facilita el proceso de autoconocimiento, provocando así un acto de reconocimiento, aceptación y crecimiento individual y colectivo.

Es por eso que el Taller de Teatro, organizado al exterior del sistema educativo, como actividad extraprogramática, pasa a convertirse en un valiosísimo espacio de formación, expresión y reflejo de toda una comunidad. Donde cada participante por medio su expresión teatral, tiene la posibilidad de desarrollar entre otras cosas su personalidad, sus habilidades sociales, su propia identidad, como también su lugar "opinante" y "participante" en relación a la comunidad en la cual se encuentra inserto.

II. MARCO DE REFERENCIA

Pondremos como marco referencial para la organización, realización y desarrollo del Taller de Teatro Extraprogramático dos tendencias de la Pedagogía Teatral, teniendo en cuenta que el área de inserción corresponde a la Educación No Formal (Exterior del Sistema Educativo).

1. Tendencia Neoclásica: "Se caracteriza por desarrollar técnicamente, a nivel corporal, vocal y emocional las condiciones naturales del alumno para ser actriz o actor…." *
2. Tendencia del Socialismo Crítico: "Se reflexiona en torno a la necesidad de asumir, tanto el interés genuino del alumno de expresar su emotividad, como el rol cultural del teatro en una sociedad, diferenciándose el nivel artístico-teatral, a partir del grado de profesionalización que el participante pueda y quiera alcanzar…." *

   * *Pedagogía Teatral*, Verónica García-Huidobro

Estas dos tendencias se fusionan para formar la base referencial de trabajo en la conformación metodológica del taller.

Se utiliza la tendencia Neo-Clásica desde la perspectiva del desarrollo vocal, corporal y emocional, basados en la "precisa necesidad técnica", que nos permita alcanzar el **rigor** indispensable para el montaje de un texto dramático o creación colectiva. Donde el Socialismo Crítico nos otorgará, en primer lugar, un espacio para desarrollar estrategias de trabajo y planificación específicas, registrando las características particulares de nuestro entorno, y a su vez nos permitirá buscar una **real calidad artística**, teniendo siempre en cuenta que estamos trabajando con **aficionados** que se diferencian entre sí según el grado de profesionalización que puedan o quieran alcanzar.

III. CONFORMACIÓN DEL TALLER

Conformar un Taller de Teatro implica poner la atención en diversos aspectos, por un lado involucra la elección de un texto dramático y su respectiva puesta en escena, pero al mismo tiempo y no menos importante incluye aquellas condiciones que tengan que ver con las características de un grupo humano y su entorno.

Se sugiere tener en cuenta al momento de comenzar las siguientes variantes:

a) **Lugar**: ¿dónde insertaremos nuestro taller?

   Colegio, liceo, escuela, instituto, Corporación Cultural, Junta de Vecinos, etc.

   Es importante estimar y evaluar las características de la institución, por ejemplo sus necesidades, expectativas y "reglas".

b) **Etapas del Desarrollo del Juego que conformarán nuestro grupo de trabajo**:

   En el mejor de los casos podremos formar el taller con una misma Etapa del Desarrollo del Juego, sin embargo no siempre tenemos esa oportunidad concreta, por lo tanto, en el caso de que solo tengamos la posibilidad de formar un taller con participantes de diferentes edades, se sugiere elaborar estrategias específicas para mejorar el rendimiento y la participación de los integrantes, como por ejemplo:

   - dividir los horarios (de la sesión o semanales) de tal manera que podamos trabajar con edades similares en clases específicas.
   - elaborar sesiones de trabajo que impliquen contenidos transversales para todos los participantes, potenciando objetivos específicos de aprendizaje para cada una de las etapas.
   - aplicar actividades con diferentes grados de "dificultad" según las edades que tengamos en el grupo.
   - Formar líderes dentro de nuestro taller que pertenezcan a los participantes mayores, y que puedan ejercer el rol de "tutores/participantes" de tal manera que puedan apoyar el trabajo con los más pequeños durante las clases.
   - Realizar un montaje que pueda contener la participación de diferentes etapas, puestas en escena más bien colectivas.
   - y finalmente insistir a las autoridades pertinentes por medio de reales argumentos pedagógicos y teatrales de la urgente necesidad de trabajar según las Etapas de Desarrollo del Juego.

c) **Organización Grupal**: Por lo general todos los participantes ingresan al taller de teatro interesados en el oficio de la actuación o bien para potenciar sus capacidades expresivas y de personalidad, sin embargo a veces estamos frente a integrantes que tienen otros intereses o habilidades (estéticas, audiovisuales, musicales, de producción, etcétera). Pues bien, como facilitadoras/es podemos desarrollar y potenciar las capacidades de esas personas, darles un lugar para pertenecer y al mismo tiempo alcanzar un mejor nivel artístico.

También sucede que al comienzo todos quieren participar de las sesiones de Expresión Dramática (por su espíritu más bien lúdico) pero una vez que el taller vuelca su trabajo hacia el montaje de un texto, hay muchos integrantes que por temor a lo que implica actuar frente a público abortan su participación. Por lo tanto y aprovechando las características colectivas del teatro es que proponemos dejar en claro que existen otros roles dentro de lo que es un trabajo teatral.

Ejemplos de otros roles:

- Técnicos de sonido e iluminación
- Diseñador/a de escenografía.
- Diseñador/a de vestuario.
- Diseñador/a gráfico (afiche, invitaciones, programa, etcétera)
- Productor/a.
- Creador/a audiovisual (en caso de usar medios audiovisuales).
- Asistentes de: dirección, escenografía, producción, etcétera.

La organización dentro del grupo también es muy importante porque nos hace y nos obliga como facilitadoras/es a delegar funciones y hacer al grupo también creador y responsable de un proyecto en equipo.

d) **Responsabilidad y compromiso**: El taller de teatro no es obligatorio, es una actividad extraprogramática, consecuentemente la asistencia puede pasar a depender de diferentes variables: estado de ánimo de los participantes, exceso de tareas escolares, pruebas u otros trabajos pendientes del contexto escolar. Por lo tanto siempre es bueno dejar en claro al comenzar, ciertas reglas básicas que mejoren el funcionamiento de nuestro taller, teniendo siempre en cuenta que los integrantes están en el grupo por opción, por lo tanto hay otro tipo de obligaciones que ellos deben priorizar. Estas "reglas" deben ser básicas, basadas principalmente en el concepto de **Compromiso Adquirido**.

A continuación algunos ejemplos de este "Contrato Didáctico":

- Carta Compromiso: Carta elaborada por la/el facilitadora/r, firmada por el participante y por su apoderada/o, donde se estipule que participar en el taller de teatro será un compromiso mutuo, de asistencia y apoyo tanto para las clases como para los ensayos y presentación final. Se recomienda la firma de todos los "contrayentes".
- Regla de asistencia: Tres faltas durante el semestre (trimestre) sin justificación y quedan fuera del taller.

- Dejar un margen de tiempo para atrasos (10 minutos).
- El taller será un espacio para la libre expresión pero con importantes márgenes de respeto durante el trabajo, de lo contrario, dependiendo del criterio del facilitador/a, según cantidad de advertencia o amonestación queda fuera del taller.
- Promedio de notas mínimo: a veces sucede que los participantes bajan su promedio de notas y la primera medida que adoptan sus apoderados es sacarlo del taller, lo que puede provocarnos un grave problema en los procesos de ensayo y montaje final, por lo que implica el tiempo y esfuerzo de un reemplazo.

e) **Expresión y desarrollo de habilidades:** Se recomienda utilizar la Sesión de Expresión Dramática (SED) como base de apresto teatral durante el primer semestre o primer período del taller. Para luego, en la medida que transcurren las sesiones, ir potenciando un mayor rigor en cuanto a habilidades, y conocimientos técnicos teatrales según la Etapa del Desarrollo del Juego en que se encuentren los participantes.

f) **Valoración**: El/la facilitador/a definirá el instrumento y los niveles a utilizar. Se recomienda:

- Hacer siempre una valoración "simple" al terminar cada sesión.
- Hacer una valoración "profunda" según programación del facilitador: cada un mes, al finalizar el trimestre o el semestre.
- Hacer una valoración al terminar el año, con opiniones y aportes constructivos y críticos acerca del resultado humano y artístico alcanzado.

g) **Calidad Artística**: Trabajar con un grupo de "aficionados" en el ámbito de un taller de teatro no implica utilizar como facilitadoras/es el mismo rigor de una compañía de teatro profesional, pero si tenemos en cuenta que parte de nuestro marco referencial es la tendencia Neoclásica de la Pedagogía teatral podemos desprender que necesitamos potenciar habilidades técnico teatrales (proyección vocal, aprendizaje de una planta de movimiento, caracterización corporal, etcétera) y que al mismo tiempo podemos alcanzar un mejor nivel de calidad artística en nuestros resultados (entiéndase "calidad" teniendo en cuenta el grupo que hemos conformado y sus reales habilidades y características).

Por lo tanto se sugiere dentro de lo que es nuestro trabajo como faciltadoras/es planificar y potenciar el aprendizaje de nuevos referentes artísticos (visuales, escénicos, musicales, etcétera).

h) **Actitud del facilitador**: la calidad artística también dependerá del nivel de participación creadora, compromiso y referentes que tenga el/la facilitador/a en relación al proyecto, para lo cual se recomienda:

- Abrir el espacio taller para experimentar en base a criterios grupales: nuevos temas, nuevos textos, usar referentes del grupo.
- Tener en cuenta el "Riesgo" en la creación. nuevos referentes, estilos y formatos. Escenografías conceptuales, uso de medios audiovisuales, digitales, etcétera.
- Actitud hacia el progreso y el aprendizaje. Que surja la necesidad de perfeccionarse en relación a otros lenguajes, estilos teatrales y competencia técnico teatrales, que tal vez no son del "gusto personal" del facilitador/a pero que sí incentivan al grupo taller.
- Dar el espacio al grupo para expresar sus ideas e inquietudes, de pensamiento, de lenguaje, de estética, etcétera.

i) **Gestión y Autogestión**: resolver el tema del financiamiento de nuestro taller (pago de nuestra labor, compra o confección de los materiales requeridos para el montaje final) es todo un tema, pues bien a continuación se sugieren diversos medios para poder solucionar ese aspecto tantas veces ingrato para nuestro trabajo. Estos ejemplos dependerán del apoyo del entorno en el cual nos encontramos insertos, y se pueden dar las siguientes variables:

- El colegio, escuela o liceo nos otorga los medios monetarios para la adquisición de los requerimientos materiales para nuestro taller y montaje. Se aconseja dejar claro el monto de apoyo en el presupuesto total de cada institución o establecimiento (recursos para las clases y montaje final).
- Autofinanciamiento del taller: el grupo se organiza en torno a diversas actividades que nos permitan financiar los recursos requeridos: rifas, cooperaciones de apoderados, cuotas mensuales, ventas de café y alimentos durante las reuniones de apoderados (todo con autorización de nuestro lugar de trabajo).
- A veces contamos con el buen apoyo de las/los apoderadas/os y podemos recurrir a sus habilidades y participación en la confección de vestuarios, escenografía, afiches, entre otros, como de colaboración de materiales y recursos.
- La mayoría de las veces es la institución la que proporciona el pago de nuestros servicios como facilitadoras/es; sin embargo hay lugares que no cuentan con los recursos para pagar un profesor extra pero que sí tienen

toda la disposición para contar con un taller de teatro. En este caso se recomienda negociar con la institución el pago por parte de los apoderados, de una mensualidad o cuota para crear el taller y pagar los servicios del facilitador/a.

j) **Funciones**: la labor de nuestro taller de teatro abarca una importante parte del año escolar y –por sobre todo– mucho trabajo de todo el grupo. Lamentablemente, muchas veces, esa tremenda gestión queda reducida únicamente a una sola función o muestra a público.

Por lo tanto se recomienda realizar más de una función o muestra a público al menos dentro de la institución para la cual trabajamos.

Ejemplos:

- Función para los estudiantes del establecimiento, se aconseja que sean invitados los cursos a los cuales pertenecen nuestros participantes del taller y que se realice, previa gestión con la institución, en horario de clases.
- Función para profesores: gestionar dentro del horario de trabajo del equipo docente una función especialmente para ellas/os (previa gestión con la institución).
- Función para auxiliares y personal administrativo. Gestionar dentro del horario de trabajo del personal administrativo y auxiliares, una función especialmente para ellas/os (previa gestión con la institución).
- Función para la familia y amigas/os de las/los participantes del taller. En horario extraprogramático para que pueda asistir la familia.

k) **Acceder a otros sectores**: mientras más oficio y funciones tengan, mejor desempeño –tanto artístico como de confianza personal y grupal– podrán alcanzar los participantes de nuestro taller.

Por lo tanto se propone participar como grupo en instancias externas a la escuela:

- Festivales interescolares de teatro de diversos colegios o municipalidades.
- Festivales de teatro universitarios o de aficionados de diferentes instituciones académicas y municipales.
- Comunidades vulnerables, organizaciones vecinales y agrupaciones o instituciones rurales (escuelas).
- Instituciones de beneficencia (albergues, fundaciones, hogar de adultos mayores).

l) **Continuidad y pertenencia**: En nuestra sociedad actual, más bien individualista y competitiva, es de suma importancia crear y desarrollar espacios donde las personas se sientan parte, donde tengan la sensación de pertenecer a algo importante para sus vidas, y que más potenciador para ese aporte social que desarrollar ese valor a través del trabajo de un taller de teatro que, dada sus características, potencia el trabajo en equipo.

Por eso es importante trabajar el progreso y continuidad de nuestro grupo taller, el equipo no solo funciona en base al trabajo de un montaje o puesta en escena, no se reduce solo a ese año en particular.

Para lo cual se propone antes de finalizar el año académico o el trabajo de nuestro taller, comenzar a sugerir o invitar a proponer qué tipo de trabajo o montaje que se quiere realizar el próximo año.

IV. METODOLOGÍA

La metodología que a continuación se propone para secuenciar el trabajo de un Taller de Teatro es aplicable a todas las Etapas del Desarrollo del Juego, pero se debe hacer una gran diferencia en lo que a proyecto final se refiere, según la forma de juego y las características de cada una de las etapas del desarrollo (información disponible en esta publicación).

PROGRAMACIÓN TOTAL: Se sugiere dividir el año en semestres de trabajo.

a) **Primer Semestre**: Trabajo de **apresto** con Sesiones de Expresión Dramática (preliminar, sensibilización, creatividad corporal, creatividad vocal, expresión, valoración).

Las Sesiones de Expresión Dramática son un gran medio para superar las inhibiciones y cualquier tipo de obstáculo o resistencia individual y grupal para afrontar un trabajo pre-teatral, son de gran ayuda para conformar la identidad de un grupo, para conocerse y aprender a relacionarse con otros a partir de un proyecto común, aportan en el desarrollo de habilidades y talentos.

- Al comienzo se recomienda dejar que las sesiones fluyan hacia un espacio lúdico y de libre expresión, donde las/los participantes, independiente de sus habilidades teatrales, puedan trabajar en iguales condiciones, en pos de liberar su expresividad.
- Transcurrido un tiempo de sesiones y utilizando el criterio del facilitador, es bueno comenzar a incorporar al espacio de lúdico y de expresión,

conocimientos técnico teatrales, dependiendo de la etapa del desarrollo se puede empezar a trabajar temas como roles y sus características, lugar donde ocurre la escena, frontalidad, articulación y proyección vocal, focos de atención, estructura dramática clásica (presentación, conflicto, desenlace), etcétera.

- Una vez que ya hemos introducido conceptos teatrales se recomienda acentuar el trabajo técnico de "expresión/actuación" de nuestras sesiones. Se aconseja (a partir de la Tercera Etapa) para este último período de apresto utilizar la técnica de la Improvisación (Impro), que ejercita a los participantes en relación a la narración de historias, a la creación de personajes, además permite trabajar las relaciones en escena, el diálogo y otras competencias estrechamente ligadas a las artes escénicas. Es una técnica de "Entrenamiento actoral".
- Siempre y cuando contemos con tiempo, se recomienda, antes de terminar el primer semestre haber conversado con el grupo los intereses que surjan en relación al montaje del segundo semestre, por ejemplo qué tipo de obra, qué tema. Si el/la facilitador/a ya tiene una propuesta, es bueno comunicarla al grupo, "persuadirlos" en caso de no convicción. Y si cuentan con más tiempo, sería "perfecto" que los integrantes se fueran de vacaciones ya sea, con el texto, con la idea clara o con la base del trabajo que se viene durante el segundo semestre.

b) **Segundo Semestre**: Montaje de una situación dramática, texto dramático, creación colectiva, dramatización, juego dramático, adaptación, etcétera.

- En caso de no tener claro aún que se trabajará este segundo semestre se debe clarificar "urgentemente" durante las primeras dos sesiones.
- Una vez que ya sabemos que vamos a trabajar, se recomienda implementar la siguiente estrategia según la Etapa del desarrollo del juego:
  - **Etapa I (0-5 años)** = Si se ha elegido un tema o recreación de una historia (cuento) o situación, se recomienda ir creando un **Guion de acciones** que permita ir relatando (accionando) la historia elegida.

    El/la facilitador/a puede hacerlo solo/a o usando el espacio de clase para que los participantes del taller vayan "jugando" a las diferentes situaciones propuestas; luego, el/la facilitador/a deberá elegir el orden y las situaciones surgidas en el juego que le sirvan para su montaje final.

    A nivel de texto se recomienda usar muy poco por parte de las/los niñas/os, y en su gran mayoría que sean colectivos. También se sugiere el uso de una/un narradora/o que pueda ir relatando la historia, mientras el grupo de participantes va accionando ese guion.

El apoyo de música ayuda a que la representación tengo mejor calidad artística.

Ejemplo de Guion de Acciones: Actividad "Tengo que" sesión número 3 - preliminares del presente libro (p. 53).

Ejemplo de temáticas: "Mi zoológico favorito", "Así es mi navidad".

- **Etapa II (5-9 años)** = El procedimiento es bastante parecido al anterior. Pero en este caso los integrantes al ser mayores tienen más participación en la elección del tema y/o historia y en la creación del **Guion de Acciones**, siendo capaces ya de crear o imitar verdaderos roles o personificaciones.

  En esta Etapa ya se pueden usar, siempre y cuando disponga de un grupo habilitado para hacerlo, adaptación o versiones de cuentos, mitos o hitos de la historia.

  Una vez elegida la idea, el/la facilitador/a leerá a modo de "cuenta cuento" la historia escogida a los integrantes del taller o simplemente se las contará, con el propósito de que todas/os las/los participantes dominen muy bien de que se trata la historia que van a montar en escena.

  Realizada esa primera parte del proceso, el/la facilitador/a creará el Guion de Acciones, e irá ensayando con su grupo cada una de las escenas, de preferencia en el orden establecido y tratando de repetir las escenas ensayadas al menos tres veces por clase, y el total ya montado hasta la fecha al menos una vez por clase. Tampoco es recomendable introducir mucho texto sino más bien reducirse a acciones específicas necesarias para que la historia transcurra.

  También se puede usar un/a narrador/a que les vaya guiando.

  No olvidar la imitación como base referencial del juego y usar músicas como un gran elemento apoyador de la fantasía creada.

  Ejemplo de Guion de Acciones: Actividad "El cazador" sesión número 7- creatividad vocal del presente libro (p.70).

  Otros ejemplos: adaptación "moderna" de Blanca Nieves; Juego dramático de la Feria; Mitos Chilotes, una obra literaria que esté inserta en el plan de estudio, etcétera.

  La adaptación debe ser sintética, solo usando los hitos principales de la historia.

- **Etapa III (9-15 años) y Etapa IV (15-25 años)** = Debemos recordar que ya a partir de los 9 años los participantes de un taller ya pueden tomar y desarrollar conciencia de los conceptos fundamentales del teatro tales como tema, argumento, personajes, situación, diálogo y estructura dramática; por lo tanto, acudiendo a la percepción y sensibilidad de el/la facilitador/a se pueden aplicar los criterios del **Método Básico de Montaje** expuestos en el presente libro (ítem metodología), teniendo siempre en cuenta el contexto y las características de nuestro grupo, sin sacrificar la capacidad de expresión propia de los participantes por la ambiciosa búsqueda de calidad artística del faciltador.

V. VALORACIÓN

Para el Taller de Teatro se aplica la Valoración tanto del proceso como del **resultado**, a diferencia del Ramo de Expresión Dramática que pone énfasis en el proceso por sobre el resultado.

Por lo tanto se debe poner atención en la **Valoración Teatral**, sin dejar de lado los avances personales.

Se utilizan generalmente los niveles: personal, grupal y teatral. Y los instrumentos: perceptual y conceptual.

Ejemplo: Valoración Proceso.

Valoración nivel personal/teatral. Instrumento Conceptual.

INDICADOR	SIEMPRE	GENERALMENTE	ALGUNAS VECES	NUNCA
La/el participante es capaz de coordinar sus movimientos				
La/el participante tiene conciencia de su articulación Vocal				
La/el participante trabaja el concepto de diálogo (comunicación con otro)				
La/el participante asiste y colabora activamente en el taller				

*Contenidos a Valorar

Movimiento: Coordinación; Componentes del movimiento (lento, rápido, suave).

Voz: Intensidad; Articulación.

Expresión/Actuación: Concepto de diálogo.

Actitudinal: Participación, Integración, Solidaridad.

Ejemplo Valoración Resultado:

Valoración nivel personal/teatral. Instrumento conceptual/observación

INDICADOR	SIEMPRE	GENERALMENTE	ALGUNAS VECES	NUNCA
La/el participante a través de su cuerpo fue capaz de expresar emociones				
La/el participante a través de su voz fue capaz de expresar emociones				
La/el participante fue capaz de reconocer y expresar sus emociones por medio de la actuación				
La/el participante reconoció sus atributos y sus zonas por trabajar				

*Contenidos a Valorar:

Movimiento: Cuerpo al servicio de una emoción.

Voz: Proyección; Intensidad; voz al servicio de una emoción

Actuación: Reconocimiento de emociones básicas; recorrido dramático; actuación al servicio de una emoción.

Actitudinal: Conocimiento de sí mismo; capacidad de cambio.

Ejemplo Valoración Final. Autovaloración.

INDICADOR	SIEMPRE	GENERALMENTE	ALGUNAS VECES	NUNCA
Esta experiencia de teatro me ayudó a entender y aceptar de mejor manera mi personalidad				
A través de esta experiencia de teatro pude reconocer lo que me limitaba para relacionarme con el resto				
Pude superar mi concentración en escena a través del montaje de esta obra				

Bibiliografía

Artaud, Antonin; *El teatro y su doble*, Bs As, Sudamericana, 1964.

Braun, Edward; *El director y la escena. Del Naturalismo a Grotowski*, Bs As, Galerna, 1986

García-Huidobro, Verónica; *Pedagogía Teatral- Metodología Activa en el Aula*; Ediciones Universidad Católica de Chile

Grotowski, Jerzy; *Hacia un teatro pobre*, Bs As, Siglo XXI Editores, 1981

Johnstone, Keith; *IMPRO, Improvisación y Teatro*; Editorial Cuatro Vientos; Santiago de Chile

Patrice Pavis, *Diccionario del Teatro- Dramaturgia, estética y semiología*. Paidos. España- 1980

Sotoconil, Rubén; *Teatro Escolar*; Editorial Los Andes; Santiago de Chile.

Stanislavski, Constantin; *El trabajo del actor sobre sí mismo*, Bs As, Editorial Quetzal, 1980

Strasberg, Lee; *Un sueño de pasión. La elaboración del Método*, Bs As, Emecé, 1997

DANZA

Docente: Marcela Estay Euler

Profesora de Estado en Educación Física, Universidad de Chile
Pedagoga en Danza, Universidad Academia de Humanismo Cristiano
Pedagoga Teatral, Diplomado de Pedagogía Teatral U.C.

INTRODUCCIÓN

A partir de distintos enfoques que sitúan al cuerpo como un espacio fundamental en la relación con otros, se comprende de manera más cabal que la educación escolar debe tener en cuenta la enseñanza de la Danza, constituyéndose en una herramienta pedagógica que permite trabajar los O.F.T., así como algunos contenidos de diferentes sectores curriculares.

Los Objetivos Fundamentales Transversales son la esencia de la Reforma Educacional, ya que apuntan al desarrollo pleno y positivo del ser humano, aportando a su formación ética y autoafirmación, reconociéndose como individuo único y ser social.

La Danza Educativa se desarrolla a través de una metodología activa, basada en el aprendizaje mediado, atendiendo las necesidades afectivas de los estudiantes. Las últimas investigaciones pedagógicas relacionadas con las emociones, han dejado de manifiesto que para producir aprendizaje significativo debe existir un ambiente emocional positivo, el cual puede ser potenciado relacionando la Danza Educativa con la Expresión Dramática.

Utilizando la estructura de una Sesión de Expresión Dramática, buscaremos la *coordinación motivada*, clave metodológica cuyo tratamiento estimula coordinaciones complejas de distinta naturaleza a través de una motivación, buscando lograr que estas se produzcan de manera instintiva y no consciente (crear imágenes o situaciones).

CONTENIDOS ESPECÍFICOS

- Emociones
- Sensaciones
- Naturaleza
- Oficios
- Gesto y actitud
- Transiciones: directas e indirectas

- Velocidades
- Alturas
- Pesos

SESIÓN DE EXPRESIÓN DRAMÁTICA

Preliminares

Objetivo de la actividad: crear condiciones de confianza, de compromiso y de entusiasmo con la sesión.

- Ejercicios de contacto con el propio cuerpo y el de los otros.
- Responder corporalmente a los sonidos entregados. Realizar coordinaciones libres asociadas a movimientos cotidianos como correr, caminar, elevarse, rodar al ritmo de una percusión, de un piano, elevarse "hasta tocar las estrellas". Al sonido del sonajero, derretirse. Al redoble del tamboril, rodar por el suelo.
- Desplazarse con el sonido del tamboril. Luego, al sonido del sonajero, tomarse de la mano de un compañero y girar, igual con el brazo, igual tomándose de los hombros, igual abrazándose.
- Desplazarse, al ritmo de la música, a diferentes velocidades. Por ejemplo, al momento del silencio, ir al suelo; con sonido, abrazarse con un compañero u otra instrucción según indique el/la facilitador/a.

Sensibilización

Objetivo de la actividad: buscar el contacto consigo mismo y con el otro.

- Caminar, focalizando la atención en la parte del cuerpo que indica el/la facilitador/a.
- Respirar con la "parte del cuerpo" que indica el/la facilitador/a.
- Invitar a sentir cómo el oxígeno que inspiramos llega a cada parte del cuerpo.
- Imaginarse que son alfareros y que el aire es maleable. Modelar el espacio al ritmo de una suave música, utilizando todo el cuerpo y diferentes direcciones.

Creatividad Corporal

Objetivo de la actividad: desarrollar la capacidad creativa a partir de un consenso.

- Ejecutar por imitación kinésica, movimientos de diferentes oficios o actividades.

- Corporizar un texto poético.
- Los estudiantes se dividen en grupos de seis personas. Cada grupo enumera a sus integrantes del uno al seis. Al estímulo sonoro dado, el participante número uno hace un gesto o actitud y los otros lo observan; así sucesivamente hasta el número seis. Después todos realizar el gesto o actitud uno, dos, tres, hasta completar la secuencia. Esto se constituye en el material para crear una frase de movimiento.
- Improvisar lo sugerido por la música dada.

Creatividad Vocal

Objetivo de la actividad: relacionar el sonido emitido por el aparato vocal, con el movimiento.

- Asociar sabores a sonidos y movimientos. Degustar distintos sabores (limón, azúcar, sal, café, etc.) y emitir sonidos. Los estudiantes se dividen en dos grupos: uno improvisa con los sonidos que emite el primer grupo y viceversa.
- Realizar sonidos sugeridos por el/la facilitador/a. Por ejemplo, máquina, viento, terremoto, dolor, alegría, bullicio, etc.
- Ponerle ritmo al nombre de cada estudiante.
- Bailar libremente, cantando una canción de tradición popular (ronda o canción infantil), diciendo un refrán, un trabalenguas, una frase o un poema sugerido.

Expresión

Objetivo de la actividad: fundir los contenidos y los objetivos temáticos de la sesión.

- Los estudiantes se dividen en grupos de 4 o 5 integrantes y cada uno elige un oficio o actividad, creando una representación coreográfica con éste.
- Crear una frase de movimiento o coreografía a partir de un texto poético.
- Se invita a los grupos a crear una coreografía, jugando con la velocidad, la ubicación espacial (diseño de piso) y las transiciones, a partir del gesto y la actitud.
- Crear una coreografía a partir de lo sugerido por la música dada y la improvisación.
- Representar a través de la Danza, tres fenómenos naturales acompañados de sonidos.

Valoración

Objetivo de la actividad: evaluación formativa. Busca compartir y enriquecer la experiencia.

- En círculo, realizar una puesta en común que permita compartir colectivamente la experiencia individual.
- Sintetizar, en un gesto o movimiento, la esencia de la experiencia vivida.

Relaciones de la Danza Educativa con otros Sectores Curriculares

- Artes Musicales: percepción musical, discriminación auditiva, ritmo, pulso, etc.
- Artes Visuales: escultura, pintura, diseño, etc.
- Lenguaje y Comunicación: el texto poético, la metáfora, la imagen, el lenguaje verbal y no verbal, etc.
- Matemáticas: figuras geométricas, uso del espacio, ejes y planos, etc.
- Comprensión del Medio Natural: fenómenos sociales y atmosféricos, estatus, geografía, etc.
- Filosofía: emociones, símbolos, arquetipos, etc.
- Orientación: autoestima, habilidades sociales, valores, etc.

Bibliografía

García-Huidobro, Verónica (1996) *Manual de Pedagogía Teatral*. Editorial Los Andes. Santiago, Chile.

Johnstone, Keith (1979) *IMPRO, Improvisación y el Teatro*. Editorial Cuatro Vientos. Santiago, Chile.

Stanislavsky, Constantin (1988) *El Método de las acciones físicas*.

Turner, Joan (1995) *Material Pedagógico*. Diplomado de Danza Educativa.

ANEXO 4: DIMENSIÓN TERAPÉUTICA

Docente: Yani Núñez Salazar
Actriz, Pontificia Universidad Católica de Chile
Pedagoga Teatral, Diplomado de Pedagogía Teatral U.C.
Facilitadora de Desarrollo Personal, Soc. Chilena de Desarrollo Personal
Actriz y productora, Compañía La Balanza

INTRODUCCIÓN

La Declaración de Derechos Humanos, en su artículo primero indica, que «todos los seres humanos nacemos libres e iguales en dignidad, todos los seres humanos». No existe ningún ser humano que por circunstancias psíquicas, sensoriales, físicas o de cualquier otra naturaleza tenga una dignidad mayor o menor que otro. Por lo tanto, no es que existan unos seres normales y otros especiales, cada uno de nosotros tenemos nuestra singularidad.

Desde esta perspectiva ya no tiene sentido hablar de diferentes categorías o tipologías de alumnos, sino de una diversidad de alumnos que presentan una serie de Necesidades Educativas Especiales.

Dentro de esta diversidad encontramos estudiantes con deficiencia mental, visual, auditiva, discapacidad física, aquellos grupos desasistidos de poblaciones alejadas o rurales, minorías étnicas, lingüística de zonas marginales, rehabilitación de presos, mujeres maltratadas, etc. y también los considerados alumnos normales.

La Dimensión Terapéutica de la Pedagogía Teatral hace del teatro un recurso metodológico, que trabajando con las áreas impedidas del campo físico psíquico o mental de las personas, facilita su integración social a través del acto creativo que les ayuda a comprender su limitación para revalorarse y recuperar la autoestima y el sentido de vida.

Para ubicar la Dimensión Terapéutica dentro de las Tendencias que ha experimentado la Pedagogía Teatral, diríamos que comparte con el espíritu que representan el Progresismo Liberal y el Socialismo Crítico.

La Tendencia del Progresismo Liberal caracterizada por usar el teatro como recurso expresivo que facilita el desarrollo afectivo del individuo, coincide temporalmente con el surgimiento de la disciplina del Desarrollo Personal e Interpersonal en la década del 60, cuyo propósito general es facilitar un mejor conocimiento de sí, de las otras personas y del fenómeno de la interacción humana.

El Desarrollo Personal e Interpersonal busca incluir objetivos afectivos al aprendizaje, entendiendo que todo ser humano puede intentar un mejor encuentro consigo mismo y con la realidad sin estar necesariamente impulsado a ello por una deficiencia, sino por la necesidad de ser un hombre/mujer íntegro en plenitud. (*Una psicología para el encuentro*, Patricio Varas S.)

Los Grupos de Encuentro o Crecimiento Interpersonal llevan implícitos dos objetivos simultáneos: el desarrollo personal de los individuos que lo componen y la evolución del grupo de participantes. Todo Grupo de Encuentro, según Williams Schutz, experimenta tres etapas de desarrollo grupal: Inclusión, Confrontación y Afecto.

Quienes nos dedicamos a este campo recibimos el nombre de Facilitadores del Desarrollo Personal, así como Feuerstein se refiere al profesor como Facilitador del proceso de aprendizaje, mezcla de educadores y terapeutas que tanto desbloquean como energizan a la persona en el proceso de desarrollo.

En relación a la Tendencia del Socialismo Crítico, donde el teatro cumple su función en relación a otro, vale decir, considerando las características de un entorno particular, la Dimensión Terapéutica contempla una diversidad de estudiantes que presentan una serie de necesidades educativas especiales, muchas de las cuales son compartidas y otras individuales. Propone una educación integradora en la que todos los niños, adolescentes, jóvenes, adultos y tercera edad, normales y diferentes aprendan juntos.

Las **Necesidades Educativas Especiales** no solo contemplan los déficit psíquicos, sensoriales y motores del individuo, sino también los problemas afectivos que tienen que ver con su historia familiar, educativa o simplemente experiencial que no les ha permitido desarrollarse y/o socializarse adecuadamente.

Para profundizar en el área de desarrollo de los estudiantes, normales y diferentes de cualquier edad, que contemplan objetivos relacionados con la autonomía personal, con la afectividad y con las habilidades sociales, desde el punto de vista de la expresión, es necesario conocer acerca del **Psicodrama**, método psicoterapéutico y pedagógico con hondas raíces en el teatro, la psicología y la sociología.

El Psicodrama es un método grupal, originado en Viena en 1920 por el Dr. Jacobo Levi Moreno, nacido en Bucarest, Rumania en 1889 y educado en Viena, creciendo allí desde los cinco años, cuando sus padres emigraron a Austria. Al término de la Primera Guerra Mundial se interesó por los problemas sociales, trabajando con personas desplazadas de la guerra, con prostitutas, en las prisiones, escuelas correccionales, donde fue fortaleciendo sus ideas de la función terapéutica del grupo y de las relaciones grupales basadas en la libre elección. El centro del trabajo de Moreno estuvo siempre en los grupos, ya que como él dice el hombre vive en grupo, trabaja, aprende, juega y se divierte en grupo, entonces es ahí donde debe facilitarse el desarrollo de la espontaneidad para que surja la creatividad en todos los niveles de la vida. Y la vida para Moreno es acción.

El Psicodrama es un método que integra el cuerpo, las emociones y el pensamiento y que basándose en la espontaneidad y creatividad de sus participantes ayuda a una persona a explorar las dimensiones psicológicas de sus problemas a través de la representación de sus situaciones conflictivas en lugar de solo hablar de ellas. (Drama = acción; Psicodrama = la psiquis puesta en acción). Esta representación busca la solución de un problema emocional en términos del conflicto de una persona, la cual se transforma en el Protagonista.

Las fuentes dinámicas de la fuerza terapéutica del psicodrama vienen de la actuación y del grupo, las que se pueden observar en las tres fases principales de una sesión psicodramática: calentamiento, acción y participación.

Algunos principios del psicodrama son:

a) percepción v/s imaginación;

b) relación del cuerpo con las emociones y el espacio;

c) desarrollo de la espontaneidad y la creatividad;

d) humildad profesional; y

e) lo más importante es el protagonista.

Como instrumentos fundamentales del psicodrama podríamos mencionar:

a) el protagonista: el centro de la acción;

b) el escenario: el espacio de lo posible;

c) el doble: alter ego, el miembro del grupo que se identifica con la psique del protagonista;

d) el yo auxiliar: miembros del grupo que ocupan el lugar de personas o cosas del átomo social del protagonista;

e) el director: hacedor de acciones, prepara al grupo y al protagonista para que se produzca la situación psicodramática; y

f) el público: no como círculo de espectadores, sino participantes activos, agentes dinámicos en la acción dramática.

Es muy importante tener en cuenta dónde se va a llevar a cabo este método, ya que es muy diferente usarlo en un espacio terapéutico donde es fundamental la presencia de un profesional capacitado para contener al protagonista en la indagación profunda de sus conflictos, que en uno pedagógico donde podemos, desde el teatro, propiciar el distanciamiento estético que permite a partir de temas individuales transformar al grupo en protagonista. Y aquí es preciso mencionar la propuesta de Augusto Boal que propone la construcción de nuevas alternativas de la realidad y de sanación a partir del teatro.

Augusto Boal, director de teatro, escritor y activista brasileño, nació en 1931 en Río de Janeiro. Es reconocido mundialmente por sus formas pioneras de teatro interactivo. Su técnica está enfocada a que el público tome parte de la acción dramática y que, de observadores pasivos, se transformen, en lo que él denomina, espectadores que asumen un rol activo en el proceso artístico. Boal creó una serie de técnicas como el teatro foro, teatro estatua, teatro invisible, teatro periodístico, etc., que forman parte de lo que denominó "Teatro del Oprimido". Dichas técnicas también se desarrollan como el psicodrama a partir de un calentamiento, que en este caso es de los actores, para estimular la acción y la posterior participación del público. Su enfoque integra la actuación, la psicoterapia y la política. En un primer momento trabajó intensamente a nivel político poniendo acento en la opresión externa de los oprimidos y, en su última investigación el "Arco Iris del Deseo", se relaciona con las opresiones que todos tenemos internalizadas, con los policías propios que nos dicen "haz esto, no hagas lo otro". Sin dudas el trabajo de Boal tiene mucha relación con el Psicodrama y con el espíritu revolucionario que caracterizó en su tiempo a Moreno.

A continuación presento una secuencia de pasos para desarrollar una sesión de Psicodrama, de Teatro Estatua y Teatro Foro.

SESIÓN DE PSICODRAMA

I FASE

CALENTAMIENTO (Inclusión)

- Busca crear un ambiente que estimule la espontaneidad (Facilita el proceso de Inclusión de un grupo).
- Busca poner al estudiante en contacto con su cuerpo y con sus emociones.

PASOS

1. Training físico - actoral básico.
2. Desarrollo de un tema grupal.
3. Relato verbal de una situación.
4. Elección del Protagonista.

II FASE

LA ACCIÓN (Confrontación)

- Busca ayudar al Protagonista a que vea las dimensiones psicológicas de su problema.

PASOS

1. Ubicación espacial de la situación y relato de la misma en primera persona aquí y ahora (por ej: yo estoy en la pieza sentada en la silla y en este momento entra mi mamá y ...).
2. Distribución de Roles en el grupo, dirigida por el Protagonista.
3. El grupo actúa la situación.
4. Acotar la situación hasta dejar solo lo medular ("El momento más significante para mí es el portazo, la mirada que me dio, ese gesto, etc.").
5. Repetir la situación escogida tres veces. El/la facilitador/a puede preguntar: —¿Qué te pasa ahora?
6. Cambio de Rol. El Protagonista se representa a sí mismo.

III FASE

PARTICIPACIÓN (Afecto)

- Busca restaurar el equilibrio del Protagonista.
    1. Desarrollo de cierto sentido de dominio sobre su problema (el/la facilitador/a pregunta al protagonista "¿De qué te diste cuenta?").
    2. Retroalimentación grupal. El/la facilitador/a pregunta:

a) Al grupo:
¿Qué fue lo que vieron?
¿De qué se dieron cuenta?

b) Al Protagonista:
¿Cómo te sientes ahora?
¿De qué te diste cuenta?

TALLER N° 1

PSICODRAMA

I FASE

CALENTAMIENTO

- El grupo, acompañado de una música enérgica, se mueve libremente recorriendo el espacio, tomando conciencia del resto de los compañeros, buscando la posibilidad de pasar por el centro del lugar.
- Cada participante, le suma a este desplazamiento el ser llevado por distintos motores corporales, variando en la velocidad y los niveles.
- Se detienen, cierran los ojos y desde allí se conectan nuevamente con el espacio. Empiezan a desplazarse lentamente, escuchando, oliendo y sintiendo a los demás compañeros. Se van deteniendo cada uno a su ritmo.
- Se ubican en parejas donde uno será el lázaro que le pondrá una venda en los ojos al compañero. El lázaro cuidará de que nada le suceda a su ciego y así lo ayudará a desplazarse de tres maneras: 1) irá a su lado sin tocarlo; 2) lo acompañará solo tocándolo con una mano; y 3) lo cogerá firme y lo trasladará rápidamente en distintas direcciones. Después de alternar las tres formas se detienen y el lázaro le saca la venda a su ciego. Cambio de pareja.
- Cada participante busca un lugar en la sala, se pone cómodo y el/la facilitador/a le propone hacer un recorrido de sus distintas experiencias donde se vea: llevando una situación, dejándose llevar; proponiendo, siguiendo a otro en su propuesta; tomando la iniciativa en algo, esperando, etc. Luego eligen la situación más significativa y que implique un tema no resuelto y le ponen un nombre.
- Cada participante comparte el nombre con el grupo. Luego ubicarán en el espacio su teléfono imaginario y llamarán a la persona de mayor confianza y a la cuenta de tres, todos al mismo tiempo, le contarán la escena elegida.

- El/la facilitador/a propone que se trabajará con una de las escenas, pero como estamos en un espacio pedagógico y no terapéutico, será aquella que tenga una acción clara y que no sea un tema que las emociones tengan fuertemente comprometido a su protagonista.
- Si son varias las personas que quieren explorar sus escenas, el grupo elige sociométricamente la que será trabajada. Cada uno dirá el nombre de la escena y el resto del grupo se pondrá atrás de la persona cuyo nombre de la situación le motiva. La elegida será la numéricamente mayor y por lo tanto la que el grupo en ese momento necesita trabajar; ya que en psicodrama las necesidades y los sueños del protagonista son las necesidades y los sueños del grupo.
- Elegido el protagonista se continúa con la FASE II de **LA ACCIÓN** y luego con la FASE III de **PARTICIPACIÓN**.

TALLER Nº 2

TEATRO ESTATUA Y TEATRO FORO

I FASE

CALENTAMIENTO

- El grupo se desplaza por la sala haciendo contacto visual con los compañeros que se va cruzando.
- Van haciendo encuentros continuos de a dos personas, relacionándose a partir de diferentes estímulos, tales como: te encuentras en la calle con un amigo/a después de cinco años de no verlo, con indiferencia, no quieres que te vea, te gusta y lo disimulas, etc.
- Cada participante se recuerda de un sobrenombre que le hayan dicho cuando pequeño y se conectará corporalmente con cómo se sentía cuando lo llamaban de esa manera: orgulloso, ofendido, rabioso, alegre, etc. Todos se trasladarán por el lugar con la actitud que se conectaron y a cada compañero con el que se cruce le dirá su sobrenombre.
- Se juntan en grupos de cinco participantes y comentan la experiencia.
- Los mismos grupos realizarán un juego de relación de personajes que pasan por distintos temperamentos. Cada uno llevará en su cabeza un cintillo que lo identificará con un determinado rol: autoritario, conciliador, inculpador, distractor y pesimista. Se planteará una situación determinada como por ejemplo la organización de un paseo a la playa y a una señal del facilitador/a se irán

cambiando los cintillos, continuando la situación dramática, con los mismos personajes, pero con distintos temperamentos.

- Luego le pondrán un nombre a la experiencia que se traducirá en un concepto.
- En el caso de que hubieran seis grupos, por ejemplo, se dividirán en dos grupos de tres subgrupos cada uno.
- Teatro Estatua (tres subgrupos) Cada subgrupo, a partir de la emoción elegida hará una estatua relacional con los cinco "actores".
- Teatro Foro (tres subgrupos) Cada subgrupogrupo a partir de la emoción escogida dramatizará una situación donde el conflicto y la acción estén claramente expuestos.

Teatro Estatua

- Se muestran al público las tres estatuas y sociométricamente se elige la que se explorará.
- Los actores muestran la estatua elegida.
- Se le pregunta a los espectadores "¿qué emoción ven?".
- Los actores cuentan que emoción querían expresar.
- El público propone modificaciones para llegar a la emoción mencionada por los actores. Cuando el grupo está de acuerdo se llega a la "estatua real".
- Se les pide a los actores que recuerden sus posiciones.
- Se le propone al público que sugiera los cambios necesarios hasta definir la "estatua ideal".
- Se muestra la estatua ideal y se les pide a los actores que recuerden sus posiciones.
- Se les pide a los actores que lentamente pasen de la "estatua real" a la "estatua ideal".
- Se comenta de la experiencia.

Teatro Foro

- Se muestra al público las tres dramatizaciones sociométricamente se elige la que se explorará.
- Los actores muestran la escena elegida, que será la "escena real".

- Se le pregunta al público si está de acuerdo con la escena o si hay algo que quisieran cambiar.
- Se mostrará una segunda vez la escena, pidiéndole al público que ponga atención en las acciones, intenciones, gestos, etc. que quisiera cambiar.
- Al público se le da la consigna que en la próxima vez que se muestre la escena diga "¡alto!" en el momento que quisiera proponer algún cambio.
- La persona que dice ¡alto! entra a escena y lleva a la acción su propuesta.
- El actor original se repliega observando la propuesta de su doble, asumiendo luego los cambios en la escena.
- Así, sucesivamente, el público hará todos los cambios que necesite para llegar a la "escena ideal".
- Se muestra la escena ideal.
- Se comenta la experiencia.

VALORACIÓN

Cada taller finaliza con un cierre afectivo de integración de la experiencia vivida por parte del protagonista y del grupo, para lo cual las formas de valoración perceptual y conceptual propuestas por la Pedagogía Teatral son de gran utilidad.

Ejemplo de Valoración Perceptual a nivel personal y grupal

OBJETIVOS

- Desarrollar la identificación con los demás participantes.
- Facilitar un espacio de expresión de las emociones de los participantes.

PROCEDIMIENTOS

En el grupo cada participante comunica al resto lo que está percibiendo, haciendo uso de la frase "yo percibo de ti, en mí, en relación a lo que has compartido con nosotros..." Otras posibilidades: "Después de todo lo que hemos compartido quiero decirles que...."; "Ahora me doy cuenta que me siento..."; "Ahora me doy cuenta que eludo hablar de..."; "Ahora me doy cuenta que siento mi cuerpo...".

Ejemplo de valoración conceptual a nivel personal y grupal:

OBJETIVO:

- Desarrollar la capacidad de autopercepción.

PROCEDIMIENTO:

	Siempre / la mayoría de las veces / algunas veces / rara vez / nunca
¿Se considera usted una persona expresiva?	
¿Se escucha a sí mismo?	
¿Escucha a los demás?	
¿Se considera consciente y responsable de sus actos?	
¿Se considera empático? ¿Sabe ponerse en el lugar del otro y así percatarse de sus sentimientos y comprenderlo?	

Bibliografía

García-Huidobro, Verónica (1996) *Manual de Pedagogía Teatral*. Editorial Los Andes. Santiago de Chile.

Moreno, J. L. (1961) *Psicodrama*. Editorial Paidos. Buenos Aires. Argentina.

Varas, Patricio (1991) *Una psicología para el encuentro*. Docto. Nº 25.291. Departamento Filosofía. CPEIP. Lo Barnechea. Santiago de Chile.

Ramírez, José Agustín (1997) *Psicodrama. Teoría y Práctica*. Editorial Desclée De Brouwer. España.

Boal, Augusto (1979) *Teatro del Oprimido 1*. Editorial Nueva Imagen. México. Caracas y Buenos Aires.

Boal, Augusto (1980) *Teatro del Oprimido 2*. Editorial Nueva Imagen. México.

López, Elizabeth y Poblacion, Pablo (1997) *Las esculturas y otras técnicas psicodramáticas aplicadas en psicoterapia*. Editorial Paidós. Barcelona. Buenos Aires y México.

Lowen, Alexander (1975) *Bioenergética*. Editorial Diana. México.

Congreso De Ceapa (1994) *La Escuela que incluye las diferencias, excluye las desigualdades*. Editorial Popular. Madrid. España.

Leveton, Eva (1987) *Como dirigir psicodrama*. Editorial Pax. México.

John Stone, Keith (1990) *Impro, Improvisación y el Teatro*. Editorial Cuatro Vientos. Santiago de Chile.

Torres, P., Buschbinder, M., Matoso, E. (2002) *Destrezas teatrales Psicoterapéuticas.* Alom Ediciones. México. (Se puede solicitar directamente a editorial en www.dramaterapia.cl).

Torres, Pedro (2003) *Dramaterapia: Dramaturgia-teatro-terapia.* Editorial Panamericana. Buenos Aires.

www.ingramcontent.com/pod-product-compliance
Lightning Source LLC
LaVergne TN
LVHW060839170826
845678LV00007B/1818